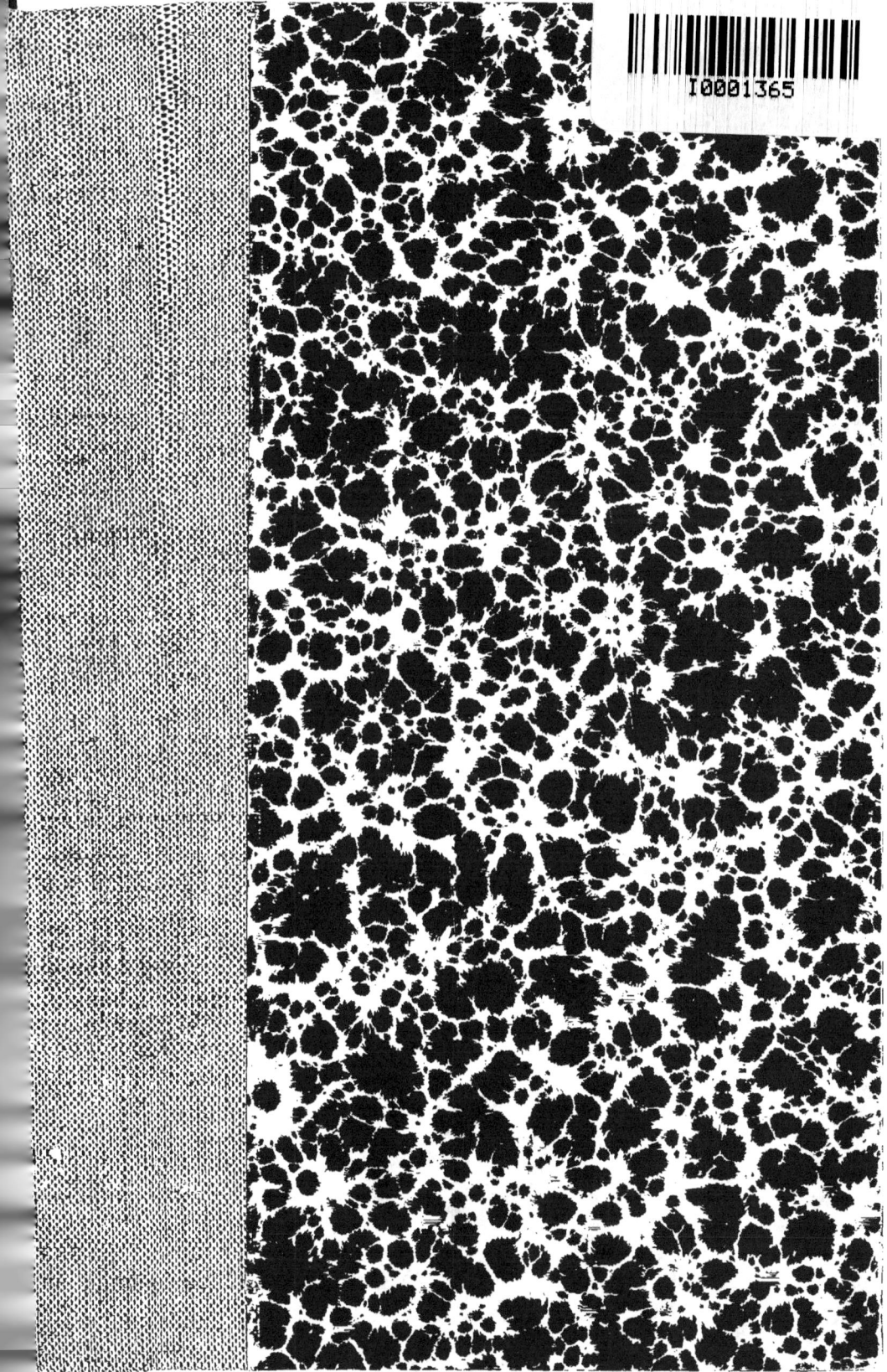

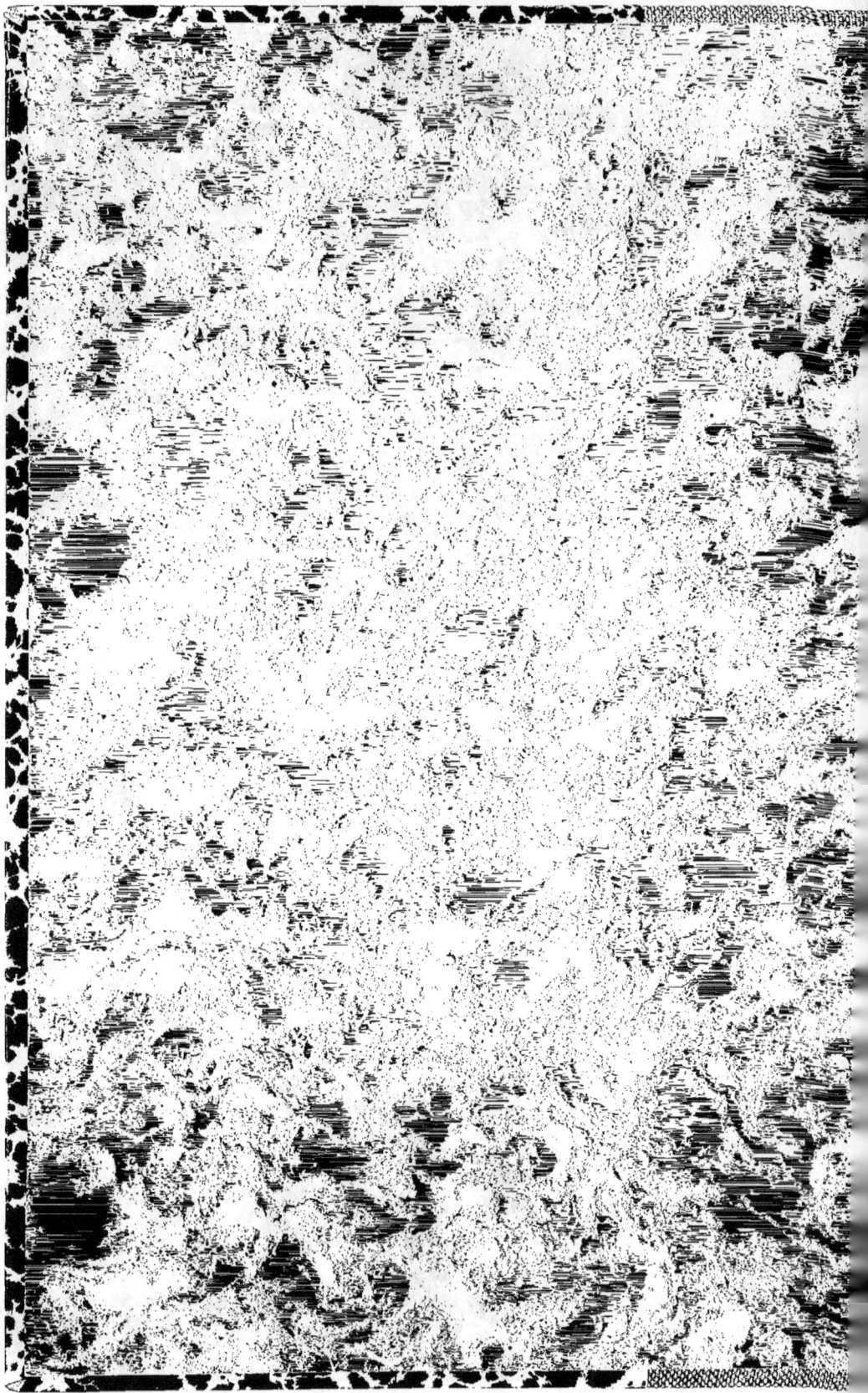

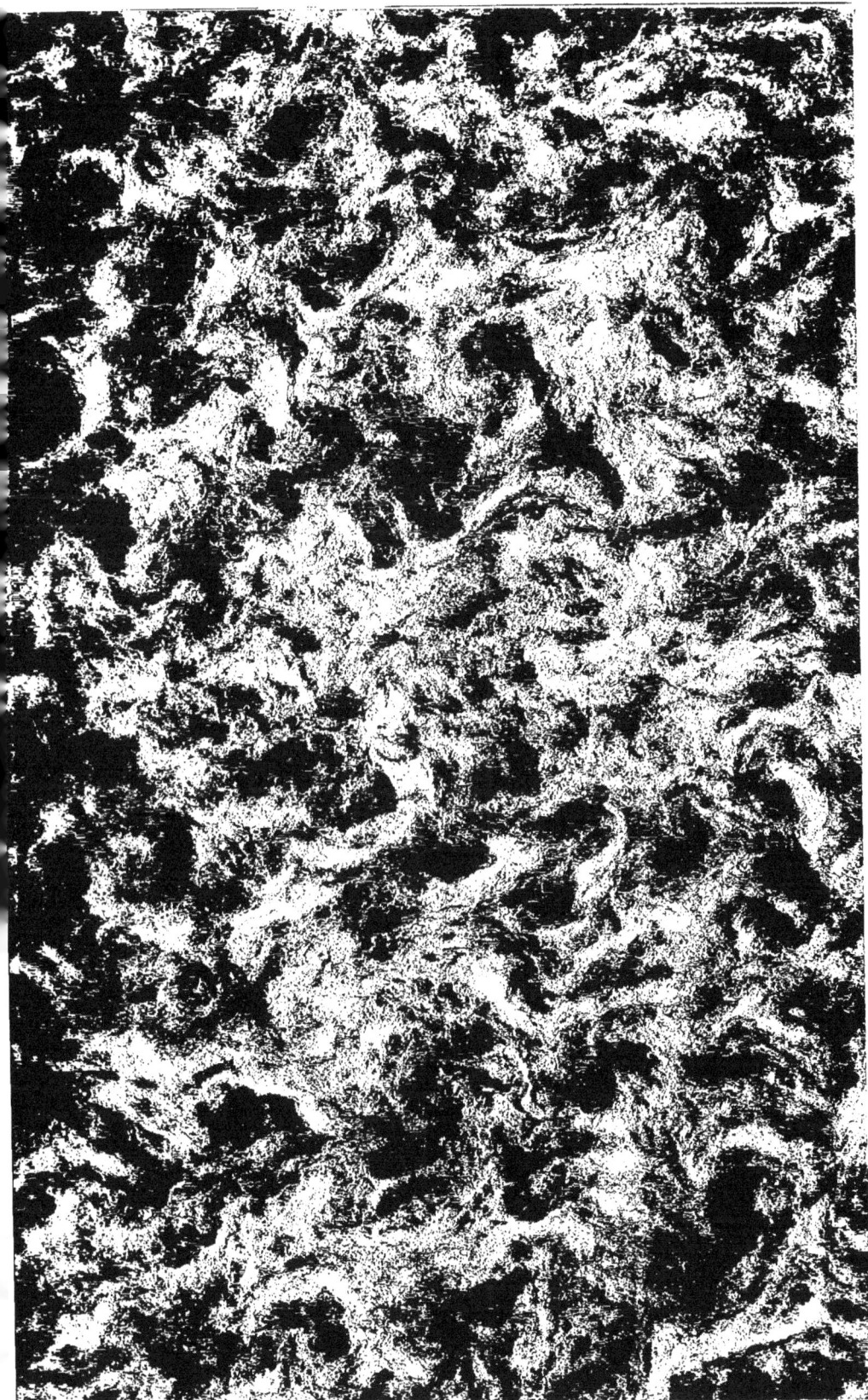

LA

COUTUME DE NIVERNAIS

ÉTUDIÉE DANS SES DIFFÉRENCES

AVEC LE DROIT COMMUN COUTUMIER

DE

L'ACQUISITION DES FRUITS

PAR LE POSSESSEUR

EN DROIT ROMAIN

PAR

JOSEPH CAILLOT

AVOCAT A LA COUR D'APPEL

DOCTEUR EN DROIT

PARIS

IMPRIMERIE DE CHARLES NOBLET

13, RUE CUJAS, 13.

1887

DE

L'ACQUISITION DES FRUITS

PAR LE POSSESSEUR

EN DROIT ROMAIN

LA COUTUME DE NIVERNAIS

ÉTUDIÉE DANS SES DIFFÉRENCES

AVEC LE DROIT COMMUN COUTUMIER

EN DROIT FRANÇAIS

95.

THÈSE POUR LE DOCTORAT

PRÉSENTÉE ET SOUTENUE

Le Jeudi 28 avril 1887, à 2 heures 1/2

PAR

JOSEPH CAILLOT

AVOCAT A LA COUR D'APPEL

Président :   M. Cauwès.

Suffragants { MM. Demante / Garsonnet / Massigli, } { *Professeurs.* / *Agrégé.* }

Le candidat répondra en outre aux questions qui lui seront
faites sur les autres matières de l'enseignement.

PARIS

IMPRIMERIE DE CHARLES NOBLET

13, RUE CUJAS, 13

1887

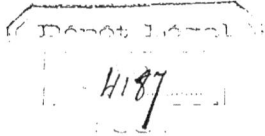

A MA GRAND'MÈRE

A MES PARENTS

DROIT ROMAIN

DE L'ACQUISITION DES FRUITS PAR LE POSSESSEUR

GÉNÉRALITÉS

Les fruits sont les accroissements périodiques d'une chose produits par le jeu naturel de ses forces organiques.

Cette définition, conforme à la notion primitive et vulgaire, convient sans doute aux fruits naturels qui naissent et renaissent à certains intervalles et se détachent matériellement de la chose qui les produit sans altérer sa substance ; elle laisse en dehors d'elle une classe nombreuse de fruits. Certains biens ne produisent rien par eux-mêmes, le propriétaire en retire cependant des profits périodiques ; il acquiert des créances comme prix de leur usage, sous forme de loyers pour ses maisons, d'intérêts pour ses capitaux, ce sont les fruits civils proprement dits qui ne correspondent à aucun produit naturel ; ou bien, il abandonne à une autre personne, moyennant

1

une somme d'argent, le droit de recueillir les fruits naturels d'une chose susceptible d'en donner, telle qu'une propriété rurale. Les fermages rentrent encore dans la catégorie des fruits civils, mais ils diffèrent sensiblement des fruits civils proprement dits, et les jurisconsultes romains ont tenu compte de cette diversité dans leurs décisions. Le prix du bail, fruit civil, apparaît en effet comme la simple représentation de la récolte, fruit naturel. Il en est autrement des loyers et des intérêts ; ici, le profit que donne la chose est le prix de l'utilité que procure son usage et non point l'équivalent de produits naturels. Le nom de fruits appliqué à ces avantages dont la chose est seulement l'occasion est une extension évidente du sens originaire et exact de ce mot. Quoi qu'il en soit, l'analogie des divers modes de jouissance au point de vue de l'utilité que tout propriétaire peut retirer de sa chose devait amener à confondre, sous l'expression commune de fruits, tous les bénéfices périodiques qu'il réalise comme accessoires de son droit.

Nous trouvons dans les lois romaines des traces évidentes de cette extension. Ulpien donne au mot fruit un sens large et général, *quidquid in fundo nascitur, quidquid inde percipi potest ipsius fructus est* (9 pr. D. VII, I). Un jurisconsulte plus ancien, Pomponius, s'attachant à la signification précise du mot, exclut de la classe des fruits les intérêts d'une somme prêtée, *usura pecuniæ in fructu non est*, et il motive sa décision en ajoutant: *quia non ex ipso corpore sed ex alia causa est* (121 D. L. XVI). Ce motif est l'expression de l'idée simple que toute personne peut avoir des fruits, et qui fait considérer comme tels des choses matérielles produites spontanément par une autre qui les contenait en germe.

Nous avons vu Ulpien donner des fruits une définition très large et comprenant dans sa généralité les loyers des maisons. Le même jurisconsulte est moins affirmatif dans un autre texte, où il nous dit que les loyers sont considérés comme des fruits: *prædiorum urbanorum pensiones pro fructibus accipiuntur* (36 D. XXII, Paul, 1, 38, 13, *eod. tit.*). Cette expression dubitative est encore un indice de l'extension que nous avons signalée. Le soin que prend Ulpien de considérer les loyers comme des fruits, dénote la préoccupation du jurisconsulte de conserver ce nom aux produits qui en ont véritablement le caractère, c'est-à-dire aux fruits naturels. Nous trouvons, dans la loi 19 pr. *in fine, De usuris*, une décision plus remarquable encore, en ce qu'elle reconnaît le caractère de fruit au profit retiré de la location d'un vêtement ou d'une coupe; c'est une application de la définition d'Ulpien: les fruits sont tous les avantages qu'il est possible de réaliser à l'occasion d'une chose.

On peut acquérir les fruits aux titres divers de :
propriétaire, possesseur, usufruitier, usager, co-
lon, créancier gagiste ou antichrésiste, emphy-
téote. Tous ces droits trouveraient place dans un
traité complet de l'acquisition des fruits; le sujet
ainsi compris nous a paru trop vaste pour le cadre d'une thèse. Nous étudierons seulement la
question la plus intéressante : l'acquisition des
fruits par le possesseur d'une chose particulière
ou d'une hérédité.

CHAPITRE PRÉLIMINAIRE

CARACTÈRE DES FRUITS

Avant d'examiner les droits du possesseur, il
est indispensable d'en préciser l'objet, c'est-à-
dire de rechercher quels caractères distinctifs
doit présenter un produit pour rentrer dans la
classe des fruits. Il serait inutile d'en demander
l'énumération aux textes ; le droit romain ne
contient pas sur ce sujet, comme sur beaucoup
d'autres, une théorie générale, des principes dont
l'interprète puisse tirer les conséquences. Il nous
offre seulement des applications de principes la-
tents qu'il faut découvrir ; l'exposé de quelques
décisions particulières nous conduira facilement
à la règle qui les explique.

Le texte des Institutes nous fournira le premier caractère distinctif des fruits. Justinien, d'après Gaius (1), comprend dans les fruits d'un troupeau le croît, le lait, le poil et la laine ; tous ces produits sont de même nature en ce qu'ils se renouvellent, les uns à des intervalles rapprochés et rigoureusement périodiques, les autres à des époques plus éloignées et irrégulières. La périodicité de la production, tel est le caractère essentiel des fruits. Nous l'avons trouvé dans les Institutes, le Digeste en contient une application plus évidente. Paul, dans la loi 11 D. VII, 1, refuse à l'usufruitier le droit de mettre en coupe les hautes futaies : *si grandes arbores essent non posse eas cædere*. Les hautes futaies paraissent cependant, au premier aspect, être des fruits au même titre que les bois taillis, comme eux, elles sont les produits naturels du sol qui les porte ; la similitude serait absolue sans la différence d'âge et de développement physique. La distinction de ces deux choses est profonde, si l'on considère la place qu'elles occupent dans une propriété, le rôle qu'elles remplissent dans la gestion d'un patrimoine. Les bois taillis, *sylva cædua*, sont coupés à des époques fixes et font partie des revenus du propriétaire ; revenus annuels, si l'on suppose une propriété étendue et bien aménagée,

(1) § 37 Inst. II, 1. 28 pr. 1 D., *De usur. et fruct.*

revenus simplement périodiques dans tout autre cas. Les futaies sont ordinairement, dans la pensée du propriétaire, une réserve, dont la coupe est une réalisation de capitaux, plutôt qu'une perception de revenus. Nous aurons à revenir sur cette distinction ; il nous suffit actuellement de rattacher la décision de Paul au premier caractère des fruits, la périodicité de la production et de la perception.

Cette première condition doit, semble-t-il, écarter de la classe des fruits les produits des mines et des carrières. Sans doute, le propriétaire peut en extraire chaque année des minerais ou des pierres, il prend ainsi des fractions de son capital et peut aboutir un jour ou l'autre à son entier épuisement. Cette conclusion rigoureuse est démentie par les textes. Ulpien (9, 2, D. VII, 1), citant l'opinion de Sabinus, qu'il approuve, reconnaît à l'usufruitier le droit de jouir des carrières de pierres, de craie ou de sable, *lapidicinas vel cretifodinas, vel arenas.* Il considère donc l'extraction de ces matières comme une perception de fruits ; cette solution pouvant paraître excessive, le jurisconsulte en limite la portée en exigeant que l'usufruitier use de ces choses comme le ferait un sage administrateur, *quasi bonum patremfamilias.* Cette précaution dénote chez Ulpien le désir de respecter la caractère essentiel des fruits, et, s'il donne cette qualification à des

parcelles de la chose, il ne veut pas que l'usufruitier puisse abuser de cette assimilation pour
épuiser le capital dont il a simplement la jouissance. L'extraction des produits des mines ou
des carrières est une consommation partielle de
la chose elle-même ; les fruits au contraire se renouvellent, leur production laisse la chose in-
tacte, elle peut être indéfinie, c'est leur second
caractère. Il n'existe pas d'une manière absolue
dans les produits des carrières, on a pu raisonnablement ne pas l'exiger, parce que l'épuisement
des carrières, tout inévitable qu'il soit, se rapproche souvent, par sa lenteur, d'une durée illimitée. Nous pouvons donc considérer, comme second caractère des fruits, la persistance de la
production, c'est-à-dire la possibilité d'une perception indéfinie.

On doit ainsi tenir compte de la destination
de la chose pour apprécier la nature véritable de
ses produits. L'exemple le plus remarquable de
ce principe est sans contredit l'exclusion du part
de l'esclave de la classe des fruits. Gaius donne
de cette décision un motif fidèlement reproduit
par Justinien, et plus surprenant dans la bouche
du jurisconsulte que dans celle de l'emphatique
empereur : *Absurdum enim videbatur hominem in
fructu esse quum omnes fructus rerum natura gra-
tia hominis comparaverit* (1). Ce souci de la dignité

(1) Gaius, 28, 1 D. XXII, 1. Justinien, 37 Inst. II, 1.

humaine est aussi louable qu'étonnant chez les
hommes qui trouvaient naturelle la vente des esclaves, et les rangeaient avec les bêtes de somme
dans la catégorie des *res mancipi* (Gaius, C. II,
§§ 15 à 18). Nous chercherions même en vain à
mettre d'accord ce motif et la solution qu'il est
censé justifier. On le comprendrait, si, pénétrés
de la supériorité de l'homme sur les autres êtres
animés, les Romains avaient reconnu la liberté
de l'enfant d'une esclave ; mais ils se bornent à
rechercher quel sera le propriétaire de cet enfant,
question bien étrangère à la dignité humaine et
bien au-dessous des considérations élevées qu'on
a fait intervenir pour la résoudre. Ulpien, moins
scrupuleux, applique aux esclaves et aux animaux
une règle identique. Il examine quelle est la destination des esclaves, et déclare, avec franchise,
qu'acquérir des esclaves dans l'espoir de s'enrichir de leurs enfants serait une mauvaise spécu-
lation : *Non temere ancillæ ejus rei causa comparan-
tur, ut pariant* (27 pr. D. V, 3).

Nous trouvons la même idée dans la détermi-
nation des droits de l'usufruitier sur le croît des
animaux dont il a la jouissance. Leur étendue
varie selon que l'usufruit a pour objet des animaux individuellement déterminés ou un troupeau ; cette diversité dans les droits correspond
à une différence dans la destination. Le troupeau
forme un tout dont la durée est indéfinie, s'il ne

survient un événement extraordinaire qui dé-
truise tous les individus dont il se compose ; le
croît est destiné à combler les vides produits par
la mort, l'usufruitier a droit au surplus. S'agit-il
d'animaux isolés, tout le croît revient à l'usufruitier ; il n'y a pas de vide à combler, les animaux pris individuellement sont par leur nature
même destinés à périr.

Nous avons considéré précédemment les futaies comme des capitaux en réserve dont les
coupes sont des produits extraordinaires. Cette
notion, exacte en elle-même, peut se trouver
fausse dans des hypothèses particulières. La loi
22 pr. D. VII, VIII, nous en fournit la preuve. Ce
texte donne au légataire de l'usage d'une futaie,
sylva, le droit de faire des coupes, et il suppose
que le même droit appartient à l'usufruitier, *que-*
madmodum usufructuariis licet ; c'est reconnaître
aux futaies le caractère de fruits. Cette décision,
inspirée par le désir de ne pas réduire à néant
l'utilité du legs, ne saurait s'appliquer d'une
manière absolue à l'usufruitier. Il serait difficile
de la concilier avec les textes qui contiennent
une limitation expresse ou implicite de ses droits.
Nous avons cité plus haut la loi 11 D. VII, 1,
qui interdit formellement à l'usufruitier de cou-
per les futaies ; les lois 10 et 12 *eod. tit.* contiennent une restriction non moins certaine de ses
droits, en l'autorisant à se servir du bois mort, à

employer les arbres arrachés ou brisés par la violence des vents, pour faire des réparations nécessaires à son habitation ou des échalas pour ses vignes. S'il paraît y avoir une contradiction dans les termes, elle n'existe pas au fond. Il y a simplement deux hypothèses distinctes. En reconnaissant à l'usufruitier le droit général de percevoir comme fruits les produits d'une futaie, la loi 22 suppose que l'usufruit n'a point d'autre objet ; dans ce cas, refuser à l'usufruitier les coupes serait lui accorder une jouissance illusoire, le réduire à l'état de séquestre. Telle n'a pas été l'intention du concédant : la destination de la futaie était, sans aucun doute, son exploitation, le seul moyen d'en retirer quelque utilité.— Supposons qu'il s'agisse de l'usufruit d'un ensemble de biens, d'un patrimoine, ce sera la seconde hypothèse à laquelle nous rattachons les lois (10 et 12 D. VII, 1) qui renferment dans des limites étroites les droits de l'usufruitier sur les futaies. Dans un patrimoine, une futaie est un capital de réserve : l'usufruitier ne peut faire des coupes qui, absorbant ce capital, dépasseraient les bornes d'une simple jouissance.

Le caractère d'un produit dépend donc souvent de la destination de la chose. Les carrières nous en fournissent un autre exemple : leur destination naturelle devait faire considérer comme des fruits les matériaux qui en sont extraits, malgré la limitation forcée pour ce genre de biens de la puissance productrice. Pour le même motif, on a toujours écarté de la classe des fruits le trésor enfoui dans la terre, produit extraordinaire et tout à fait étranger à la destination des fonds de terre (7, 12, D. XXIV, 3).

En résumé, les fruits sont tous les produits périodiques que peut donner une chose selon sa nature ou sa destination.

Tels sont les fruits que peut acquérir le possesseur ; nous devons supposer, en outre, qu'ils sont détachés de la chose frugifère ; avant leur séparation ils font corps avec le fonds et se confondent en lui, *fructus pendentes pars fundi videntur* (44 D. VI, 1). Cette distinction des fruits pendants et séparés est délicate en elle-même, nous trouverons plus loin ses conséquences pratiques.

Nous avons mentionné précédemment la division des fruits en naturels et civils, réservant le nom de fruits civils aux avantages que procure une chose sans les produire elle-même. L'acquisition des fruits naturels sera l'objet le plus important de notre étude, comme elle a été la préoccupation principale des jurisconsultes romains.

Les fruits naturels rentrent également dans une autre classification comme opposés aux fruits industriels. On entend alors par fruits naturels les produits spontanés de la terre ou des

arbres, et par fruits industriels ceux dont la production nécessite un travail de l'homme.

Sans vouloir passer en revue toutes les personnes qui, à des titres divers, peuvent s'approprier les fruits d'une chose, il est un droit dont
nous devons parler comme constituant la règle
en matière d'acquisition des fruits : le droit du
propriétaire. Le droit du possesseur est l'exception.

DROITS DU PROPRIÉTAIRE

La propriété est « le droit le plus étendu qu'une
personne puisse avoir sur une chose, c'est le droit
d'user, de jouir et de disposer de la chose d'une
manière exclusive..... Jouir, c'est percevoir les
fruits, c'est-à-dire les produits matériels de
cette chose (1) ». La propriété comprend donc en
elle-même, et comme l'un de ses éléments essen-
tiels, le droit aux fruits, le *jus fruendi*. Il semble
même qu'il soit impossible de considérer comme
une véritable acquisition un fait qui est pour le
propriétaire l'exercice pur et simple de son droit.

En effet, les fruits sont-ils adhérents au fonds,
sont-ils pendants, ils n'ont pas d'existence propre ; l'analyse ne révèle point deux objets indé-
pendants l'un de l'autre, elle nous montre sim-

(1) M. Pellat, *De la propriété et de l'usufruit.*

plement une chose couverte de ses fruits. Dans
cette situation, il ne vient pas à l'esprit d'établir
une distinction qui contredirait la réalité des cho_
ses, de scinder en deux parties le droit du propriétaire dont l'unité s'impose. La séparation au-
toriserait-elle à le faire? Nous ne le pensons pas.
Elle aboutit à un morcellement de la chose, et le
propriétaire conserve naturellement sur les fractions le droit qu'il avait sur le tout. L'évidence
même de cette idée a empêché le doute de naître
dans l'esprit des jurisconsultes romains. Ils n'ont
pas discuté cette question, ou, plutôt, ils ne l'ont
pas aperçue. Les interprètes ont été plus clair-
voyants ; ils ont fait une analyse plus exacte du
fait de la séparation, et ont découvert, ou, peut-
être, intercalé entre ce fait et l'acquisition une
cause juridique, l'accession. Il suffit de se rappeler
les caractères de ce mode d'acquisition pour voir
qu'il est complètement étranger à l'hypothèse qui
nous occupe. Les textes ne contiennent pas d'exposé général de cette matière, nous y trouvons
des exemples sur lesquels les commentateurs ont
édifié une théorie complète dont le nom même est
un contre-sens (1). Il est facile cependant de dé-
gager des espèces particulières, prévues par les
jurisconsultes, leurs caractères communs. Dans

(1) Le mot *accessio* désigne, dans les textes, la chose accessoire et nullement la faculté d'acquérir une chose
comme conséquence d'un droit sur une autre.

toutes ces espèces, nous voyons deux choses qui se réunissent et se confondent en une seule. Rien d'analogue dans la séparation des fruits ; bien loin d'y rencontrer la réunion de deux éléments qui contribuent à former un même tout, nous y voyons le fractionnement d'un objet en plusieurs, la séparation des fruits de la chose qui les produit. Il est donc inutile de faire intervenir l'idée d'accession alors que l'acquisition des fruits dérive naturellement du droit de propriété.

Le droit absolu du propriétaire sur les fruits de sa chose peut se trouver en conflit avec le droit du possesseur. C'est là un fait exceptionnel : la situation normale est la réunion dans les mains d'une seule personne de la propriété et de la possession. Pour comprendre comment elles peuvent être séparées, il faut connaître ce qui les différencie. La possession est le pouvoir d'une personne sur un objet, résultant de leur contact matériel ; elle suppose la détention physique de la chose et l'intention de la traiter comme sienne. Ainsi comprise, la possession nous apparaît comme l'exercice du droit de propriété. L'une et l'autre sont, en quelque sorte, les deux faces d'un même objet : l'une le droit, l'autre le fait. Les textes semblent autoriser cette manière de voir, en considérant la possession comme une *res facti, non juris* (1, § 3 et 4, D. XLI, II). L'expression est sans doute trop absolue, et il vaut mieux n'y voir qu'une allusion à l'élément matériel de la possession; aussi, dirons-nous avec Papinien (19 D. IV, VI) que la possession est surtout un fait, *plurimum facti*. Cela ne l'empêche pas d'être un droit véritable, reconnu, protégé, et dont nous allons étudier l'un des principaux effets.

On peut, disons-nous, considérer la possession comme l'exercice du droit de propriété ; cette idée suffirait pour nous empêcher de les confondre, s'il n'y avait entre elles des distinctions plus profondes : les moyens de les acquérir, les causes de leur extinction, les avantages qu'elles procurent, la protection qui leur est accordée sont autant de différences qui justifient pleinement la phrase connue d'Ulpien : *Nihil commune habet proprietas cum possessione* (12, § 1, D. XLI, II). Ce texte contient aussi une allusion à la séparation possible de la possession et de la propriété ; c'est l'hypothèse que nous devons prendre, pour étudier l'acquisition des fruits par le possesseur lorsqu'il se trouve en présence du propriétaire, soit pour une chose déterminée, soit pour une hérédité.

OBSERVATIONS GÉNÉRALES

Nous avons donc à examiner quelle est la situation du possesseur en ce qui concerne les fruits, dans les actions réelles (revendication et pétition d'hérédité), et accessoirement dans les actions personnelles. Cette question se rattache à une théorie plus générale, celle des pouvoirs du juge.

La revendication est la réclamation en justice d'une chose matérielle sur laquelle on prétend avoir un droit de propriété quiritaire. Son objet est précis, déterminé; les pouvoirs du juge sont étroitement fixés, il doit se borner à déclarer si la chose appartient ou non au demandeur; si oui, il en ordonne la restitution; si non, il absout le défendeur. Tel est au moins le résultat de cette action dans la procédure formulaire; nous n'avons pas à rappeler ici comment dans le droit ancien la question de propriété disparaissait sous les apparences d'un pari engagé entre les plaideurs. Bref, dans la revendication primitive, la chose et ses accessoires sont l'objet unique de l'examen du juge.

La pétition d'hérédité est bien différente ; son but immédiat est la réclamation de la qualité d'héritier, les choses héréditaires y sont comprises, mais indirectement, leur attribution au demandeur qui triomphe n'est qu'une conséquence de la qualité d'héritier que lui reconnaît le juge. Cela est si vrai, que la pétition d'hérédité est possible uniquement contre le possesseur qui se dit héritier ou celui qui n'invoque aucun titre; contre tout autre, la revendication seule est ouverte et l'héritier peut l'intenter, sauf à faire la preuve de sa qualité, si le défendeur lui oppose l'exception *quod prœjudicium hereditati non fiat.* Dans cette action, le juge n'a pas seulement à s'occuper d'une chose et de ses accessoires, ou même d'un ensemble d'objets (la revendication peut s'appliquer à un ensemble tel qu'un troupeau); il doit, pour arbitrer les restitutions, tenir compte des éléments les plus divers. Les choses dont le défunt était propriétaire, possesseur ou simple détenteur, les créances dont il était titulaire, sont également comprises dans cette action qui se rapproche par là des actions personnelles; aussi, la voyons-nous dans certains textes (7, Code, III, XXXII) qualifiée *mixta personalis.* Le juge apprécie tout ce qui a pu modifier en plus ou en moins la masse héréditaire, les fruits perçus, les dépenses qui ont été faites pour les produire, les dettes qui ont été payées par le possesseur; en d'autres termes, il recherche les rapports d'obligation qui peuvent exister entre le demandeur et le défendeur. Tous ces objets rentrent de plein droit dans l'office du juge; cela explique dans une certaine mesure comment Justinien fut amené à classer la *petitio hereditatis* parmi les actions de bonne foi.

Le juge de la pétition d'hérédité a donc des pouvoirs beaucoup plus étendus que celui de la revendication; il a une plus grande liberté d'action et peut satisfaire plus largement l'équité. Il

2

était naturel que le système le meilleur exerçât son influence sur l'autre, et la tendance constante des jurisconsultes a été d'appliquer à la revendication les règles de la pétition d'hérédité.

Nous avons dit que le juge de la pétition d'hérédité tenait compte des impenses en vertu de ses pouvoirs généraux dans cette action; dans la revendication il n'est pas autorisé à le faire, s'il ne reçoit un ordre exprès du magistrat par l'insertion dans la formule d'une exception de dol. Cette forme prétorienne d'une exception de dol nous montre que cette extension des pouvoirs du juge de la revendication aux impenses est relativement récente; ce fut un progrès inspiré par l'équité et sans doute aussi par l'influence de la pétition d'hérédité. A un autre point de vue, celui de la procédure, la revendication précéda la pétition d'hérédité dans la voie des réformes, c'est à elle que fut appliquée pour la première fois la *formula petitoria*.

A l'égard des fruits, les deux actions réelles paraissent avoir été soumises à des règles identiques dans l'ancien droit; le possesseur de bonne foi restituait les fruits postérieurs à la *litis contestatio*, le possesseur de mauvaise foi devait au double les fruits qu'il avait perçus ou négligé de percevoir depuis la *litis contestatio*, et au simple les fruits antérieurs.

Le sénatus-consulte Juventien vint modifier le

système primitif en ce qui concerne la pétition d'hérédité; après avoir posé en principe la restitution de tous les fruits de l'hérédité, *fructus augent hereditatem*, il établit, par faveur pour la bonne foi, une distinction entre les possesseurs suivant qu'ils sont de bonne ou de mauvaise foi pour le temps qui précède la demande. Il oblige le possesseur de bonne foi à restituer son enrichissement, les biens héréditaires comme les fruits, en un mot, tout ce qui a été pour lui la source d'un profit; il déclare le *prædo* responsable de son *dolus prœteritus* et lui impose la restitution des fruits perçus ou négligés depuis le commencement de sa possession. La pétition d'hérédité eut dès lors plus d'influence que jamais sur la revendication. C'est par une extension du sénatus-consulte qu'on accorda la revendication contre celui qui a cessé de posséder par dol, qu'on imposa au *prædo* l'obligation de payer la valeur des fruits négligés, et probablement aussi qu'on obligea le possesseur de bonne foi à restituer les *fructus extantes*.

Nous aurons souvent à observer dans l'étude de ces deux actions, au point de vue de l'acquisition des fruits, l'influence de l'une sur l'autre; et nous verrons comment les pouvoirs du juge de la revendication se rapprochèrent de ceux qui lui appartenaient dans la pétition d'hérédité, sans toutefois devenir identiques.

Nous commencerons par la revendication qui

est le type de l'action réelle ; mais, en étudiant les droits du possesseur sur les fruits d'une chose particulière, nous devrons anticiper souvent sur ce que nous dirons ensuite de la *petitio heredita-tis*. En commençant par celle-ci nous serions obligés d'ailleurs de recourir souvent aux principes de la revendication, tant ces deux actions présentent d'analogie et se sont pour ainsi dire pénétrées l'une et l'autre.

Les droits du possesseur sur les fruits, disions-nous plus haut, se relient étroitement à l'office du juge, cela nous amènera à traiter des questions qui paraissent à première vue sortir du cadre de notre sujet, mais qui en sont un complément naturel. Ainsi, les restitutions de fruits complètent les principes de l'acquisition, ou plutôt elles sont l'une des faces de la question générale des droits du possesseur sur les fruits ; la déduction des impenses qui diminue la somme des restitutions rentre avec elles dans les pouvoirs du juge, on peut même dire que ces deux questions sont inséparables, la solution de chacune d'elles est nécessaire pour déterminer exactement la situation du possesseur.

Nous abordons sous le titre : *Acquisition des fruits d'une chose particulière*, les droits du possesseur actionné en revendication, en faisant la distinction traditionnelle du possesseur de bonne foi et du possesseur de mauvaise foi.

CHAPITRE PREMIER

ACQUISITION DES FRUITS D'UNE CHOSE PARTICULIÈRE

SECTION PREMIÈRE

DROITS DU POSSESSEUR DE BONNE FOI

I. — *Conditions de la bonne foi.*

Les conditions de la possession de bonne foi doivent être les mêmes, qu'il s'agisse de l'acquisition de la propriété d'une chose ou de l'acquisition des fruits, c'est-à-dire que nous devrons appliquer ici les règles de l'usucapion. On pourrait en douter en considérant la qualification que donnent habituellement les textes au possesseur en notre matière; ils parlent de la bonne foi et ne contiennent aucune allusion à la nécessité d'un juste titre. La bonne foi serait-elle donc seule exigée? Nous ne le pensons pas. L'erreur d'une personne qui croit être propriétaire de la chose d'autrui, constitue la bonne foi et peut être excusable; elle ne saurait être le fondement d'un droit. Cela est certain pour l'usucapion: la loi 27 D. XLI, III, exige formellement que la possession repose sur un titre; il nous semble logique d'exiger la même condition du possesseur pour l'acquisition des fruits; une simple erreur de fait ne peut être considérée comme une véritable *causa* suffisante pour servir de base à une acquisition. Les textes nous permettent d'ailleurs de considérer les principes formulés en matière d'usucapion comme les règles fondamentales de la possession. Les éléments constitutifs de la bonne foi seront donc, pour l'acquisition des fruits comme pour l'usucapion, l'erreur et le juste titre. Cette assimilation des deux hypothèses est généralement admise, et nous la trouvons consacrée formellement par les Institutes de Justinien (§ 35 *De rer. div.*).

L'erreur. — Le principe en matière d'erreur est écrit dans la loi 4 D. XXII, VI, ainsi conçue : *Juris ignorantiam in usucapione negatur prodesse, facti vero ignorantiam prodesse constat.* En matière d'usucapion il paraît établi en règle générale, par certains textes, que nul n'est admis à se prévaloir d'une erreur de droit : ils en donnent pour motif que les règles du droit sont nécessairement définies et doivent être invariables; il est donc toujours possible de les connaître, et cette possibilité fait ériger en présomption que nul ne les ignore (2 D. XXII, VI). Le motif même de la règle indique qu'elle ne peut pas être absolue : il est telle circonstance où la présomption irait contre toute justice, et telles personnes dont il est impossible d'exiger raisonnablement la connaissance du droit. Les mineurs de vingt-cinq ans et les femmes sont dans ce cas, et l'erreur de droit qu'ils commettent ne leur nuit point (9 D. *eod, tit.*). La nature de l'erreur de droit résulte suffisamment de ce que nous avons dit, un exemple emprunté à la loi (1, § 1, D. *eod.*) la fera mieux connaître : L'héritier institué qui ne demande pas la *bonorum possessio*, ignorant qu'il pourrait l'obtenir, le frère consanguin qui s'imagine avoir un droit inférieur à celui de la mère, commettent l'un et l'autre une erreur de droit ; cette erreur n'arrête pas le cours du délai, comme le ferait une erreur de fait telle que la croyance à une institution imaginaire.

La bonne foi suppose donc une erreur de fait ; ce sera toujours une erreur sur les rapports juridiques du *tradens* avec la chose livrée. Telle est bien la notion contenue dans la loi (109 D. L, XVI). L'acheteur de bonne foi, nous dit ce texte, est celui qui ignorait que la chose appartînt à autrui, ou croyait à l'existence, chez son vendeur, de qualités qu'il n'avait pas, notamment celles de mandataire ou de tuteur.

Nous avons vu que l'erreur de droit ne nuit pas nécessairement à celui qui la commet ; l'erreur de fait ne lui profite pas toujours. En général, l'erreur de fait constitue la bonne foi, parce qu'elle est excusable ; dans l'interprétation d'un fait les plus prudents peuvent être victimes d'une méprise : *facti interpretatio plerumque etiam pruden-*

tissimos fallat (2 D. XXII, VI). Cette difficulté a cependant des bornes ; il serait aussi mauvais de tenir compte d'une ignorance impardonnable que d'exiger une trop grande perspicacité (6 D. *h. t.*). Il est aussi plus facile d'excuser l'erreur d'une personne sur le fait d'autrui que sur son propre fait (3 D. *h. t.*). Paul, dans la loi 2, § 16, D. XLI, IV, décide que celui qui a acheté d'un fou, le croyant sain d'esprit, est admis à usucaper. Cette solution ne peut nous étonner, puisque la croyance à la capacité d'un incapable est une erreur de fait. Il y avait dans cette hypothèse un autre motif d'hésiter à admettre l'usucapion ; la bonne foi était évidente, le juste titre ne faisait-il pas défaut, puisque les actes faits par un incapable sont nuls ? Telle était bien la pensée de Paul, et il refuse la Publicienne à l'acheteur ; s'il l'admet à usucaper, c'est par un tempérament d'équité, *utilitatis causa.*

Ces principes sont loin d'être absolus, le caractère de l'erreur est surtout une question d'appréciation, une erreur de droit peut être excusable et une erreur de fait impardonnable. Nous voyons même dans les textes relatifs à notre sujet que l'erreur de droit, s'il n'y a pas dol, ne doit point faire considérer le défendeur à la pétition d'hérédité comme étant de mauvaise foi (25, 6, D. V, III), elle suffirait donc pour constituer la bonne foi.

La bonne foi consiste dans une erreur excu⹀
sable, telle est la formule qui nous paraît la plus
propre à résumer la doctrine peu précise des
textes que nous avons analysés.

Nous avons assimilé l'usucapion et l'acquisition des fruits pour les conditions de la possession ;
en ce qui concerne spécialement la bonne foi,
l'analogie n'est pas d'une exactitude absolue. Il
existe une différence quant à l'époque à laquelle
doit exister la bonne foi : en matière d'usucapion,
la bonne foi doit exister au moment où la tradition est faite *ex justa causa* (7, § 11, D. VI, II);
en matière d'acquisition des fruits, elle doit exister au moment de la perception, ou plutôt de la
séparation des fruits (48 D. XLI, 1).

Quant à la preuve de la bonne foi, l'application
rigoureuse des principes la mettrait à la charge
du possesseur. La difficulté même de la preuve
était un premier motif de déroger aux règles ordinaires, l'équité en fournit un second, il serait
aussi injuste qu'invraisemblable de présumer la
mauvaise foi. Peut-être doit-on revenir, comme
le pensent plusieurs auteurs, à la stricte observation des principes, lorsque le possesseur entend
invoquer une erreur de droit. Dans ce cas en effet,
la raison d'équité qui fait présumer la bonne foi,
vient se heurter à cette autre présomption que
toute personne connaît les règles du droit. Une
circonstance extraordinaire peut seule excuser

une erreur de ce genre, et il paraît juste d'obliger le possesseur à en faire la preuve.

Le juste titre. — Pour la tradition, la *justa causa*
consiste dans la volonté réciproque d'aliéner et
d'acquérir, elle est indépendante de tout fait juridique antérieur. Le juste titre exigé pour l'usucapion et l'acquisition des fruits n'est pas aussi
facile à définir ; les décisions des textes paraissent
supposer l'existence de deux principes différents.
Nous voyons dans la loi 4 D. XLI, VII, que le
possesseur d'une chose abandonnée peut l'usucaper, alors même qu'il ignore l'auteur de l'abandon ; de même, le fiancé qui a reçu en dot une
chose non estimée, commence à l'usucaper dès
l'instant de la tradition (1, 2, D. XLI, IX). La
convention de dot n'est pas un juste titre, elle
n'est pas obligatoire par elle-même, aussi l'usucapion procède avant le mariage non pas *pro dote*
mais *pro suo*. Dans ces deux hypothèses, le juste
titre consiste dans la volonté réciproque d'aliéner
et d'acquérir. Les jurisconsultes romains n'ont
pas généralisé cette idée ; on doit même considérer les deux décisions précédentes comme exceptionnelles. Elles dérogent à une règle générale
formulée dans des textes nombreux, et que nous
traduisons ainsi : Le juste titre nécessaire pour
usucaper consiste dans un fait juridique antérieur à la tradition qu'elle a pour objet d'exécuter ou de rendre efficace ; exécuter, s'il s'agit

d'un fait générateur d'obligation, comme une stipulation ou un legs ; rendre efficace, s'il s'agit de faits non obligatoires, tels qu'un pacte de dot, une convention d'échange ou de donation.

Il semble logique d'exiger dans tous les cas l'existence d'un titre réel, et de rejeter comme insuffisante la croyance erronée à un titre imaginaire. Telle est en effet la solution donnée par les Institutes (§ 11 Inst. II, VI). *Error autem falsæ causæ usucapionem non parit.* Il est au moins douteux qu'elle ait été admise à l'époque classique ; on peut même, sans être taxé d'exagération, dire que la croyance à une juste cause suffisait en principe. Les textes contiennent des applications fort nombreuses de cette idée ; la seule notion générale à laquelle on puisse les rattacher est que l'erreur plausible peut seule suppléer à l'existence d'un titre. La théorie est d'ailleurs si peu précise qu'un même jurisconsulte donne parfois deux solutions opposées. Ulpien, dans la loi 27 D. XLI, III, exige un titre réel pour l'usucapion ; dans la loi 5 D. VI, II, il accorde la Publicienne à celui qui a reçu l'abandon noxal d'un esclave, quand bien même la cause de l'abandon n'aurait pas existé, *sive vera causa sit, sive falsa.* Il admet donc au moins dans un cas le titre putatif, et cette solution est inspirée par l'équité qui paraît avoir préoccupé beaucoup les jurisconsultes en cette matière. Plusieurs textes reconnaissent formellement le titre putatif (11 D. XLI, IV). Si l'esclave ou le mandataire chargé d'acheter une chose a persuadé à son mandant qu'il l'avait acquise et la lui a livrée, le mandant pourra l'usucaper, son erreur a été invincible. Dans ce texte, Africain pose en règle générale que celui qui croit avoir acheté et ne l'a point fait ne peut pas usucaper, mais il ajoute : « Cela est exact si ce prétendu acheteur n'a pas une juste cause d'erreur. » La loi 5, 1, D. XLI, X, contient une décision analogue pour un motif identique, *quia in alieni facti ignorantia tolerabilis error est*. (V. dans le même sens : 2, 16, D. XLI, IV. — 48 D. *De usurp. et usuc.* — 2 D. *Pro emptore*.)

En définitive, nous voyons chez les jurisconsultes de l'époque classique une propension constante à tenir compte de la croyance du possesseur à l'existence d'un titre, toutes les fois que l'erreur paraît excusable. Cette préoccupation de l'équité était une source d'incertitude, ses inconvénients en ont fait restreindre successivement les applications. « La possession qui ne repose pas sur un titre, ne peut jamais faire acquérir la propriété » (24, Code, III, XXXII). Cette constitution de Dioclétien prouve que la doctrine classique était abandonnée dès la fin du troisième siècle de l'ère chrétienne. Justinien la repousse formellement ; cependant, l'insertion au Digeste des textes qui admettent le possesseur à l'usuca-

pion malgré l'absence d'un titre réel, nous permet de supposer que ces décisions n'étaient pas
complètement étrangères à la pratique du Bas-
Empire.

Le possesseur n'est pas obligé de prouver sa
bonne foi, il ne jouit pas du même avantage pour
le juste titre, il n'y avait à l'égard du titre aucun
motif de le soustraire à la règle générale, qui impose à chacun l'obligation de prouver le fait qu'il
allègue. Voici un exemple emprunté à la loi (13,
2, D. VI, II) : celui qui a acheté d'un pupille et
veut exercer la Publicienne, doit prouver que le
pupille était valablement autorisé dans des circonstances où la loi ne prohibait point la vente ;
en d'autres termes, il doit établir qu'il possède
en vertu d'une vente valable, il doit prouver son
titre.

Les droits du possesseur présentent un intérêt
véritable au moment où le propriétaire vient les
contredire et réclamer sa chose. Cette contradiction doit modifier les droits du possesseur, car
elle peut lui inspirer quelque défiance sur la qualité de son titre, et amoindrir, sinon effacer entièrement sa bonne foi. Cette observation nous
fournit la base d'une distinction bien connue et
fort rationnelle entre les fruits perçus avant la
litis contestatio et ceux qui sont postérieurs. Nous
nous occupons immédiatement des premiers,
nous comprendrons les seconds sous la rubrique :

fruits que doit restituer le possesseur de bonne foi.

II. — *Quels fruits acquiert le possesseur de bonne foi.*

Le possesseur acquiert-il indistinctement tous les fruits, naturels ou industriels? Voyons d'abord quel pourrait être le motif de distinguer; nous le trouvons dans la nature même de ces deux classes de fruits : les uns sont les produits spontanés du sol ou des animaux, les autres sont préparés par un travail de l'homme, le droit du possesseur sur ceux-ci se justifie plus facilement que sur ceux-là. Aussi les fruits industriels lui appartiennent sans aucun doute, il a contribué à leur production, il a fourni les semences, préparé la terre, coupé la récolte, il a les titres les plus évidents à leur acquisition, les textes la lui accordent. Doit-on faire de cette intervention directe du possesseur dans la production des fruits une condition essentielle de leur acquisition? Si on l'exige, on lui refuse par là même les fruits naturels. Cette conséquence est en effet reconnue par le § 35, Inst. II, I, où nous lisons : *naturali ratione placuit fructus quos percepit ejus esse pro cultura et cura.* La loi 45 D. XXII, I, donne la même solution basée sur un motif identique : le possesseur n'acquiert pas les fruits naturels parce qu'ils ne proviennent pas de son travail, *quia non ex facto ejus is fructus nascitur.*

Voici une première solution, nous en trouvons une autre entièrement opposée dans la loi 48 pr. D., XLI, I. « L'acheteur de bonne foi, nous dit Paul, acquiert les fruits de la chose d'autrui, non seulement ceux qui sont le produit de son travail, mais tous, *sed omnes.* » Ce mot embrasse les fruits naturels comme les fruits industriels ; au point de vue grammatical, cela n'est pas douteux, et l'ensemble du texte précise encore cette signifi- cation. Nous pouvons le traduire ainsi : le pos- sesseur acquiert non seulement les fruits indus- triels, mais tous les fruits ; ces derniers mots, s'ils ont quelque portée, comprennent autre chose que les fruits industriels, c'est-à-dire les fruits naturels. Le § 2 de la même loi lève tous les doutes en reconnaissant au possesseur de bonne foi le droit de recueillir comme fruits le croît des animaux, c'est-à-dire un fruit naturel. Nous sommes donc en présence de deux décisions contraires ; on a proposé un grand nombre de con- ciliations, nous examinerons les principales.

Doneau (1) adopte la distinction des Institutes. Le possesseur de bonne foi acquiert les fruits industriels par la seule perception, *nam primum quicunque fructus hominum opera et diligentia perve-*

---

(1) Doneau, *De fine et effectu actionis in rem,* n° 36.

nunt... hi omnes percepti statim pleno jure fiunt bonæ fidei possessoris; il acquiert les fruits naturels par la consommation. Cette manière d'interpréter nos deux textes supprime la contradiction que nous avons relevée, en voici l'explication : Paul, dans la loi 48, parle des fruits qui sont produits par le travail personnel du possesseur, *diligentia et opera ejus;* Doneau, s'attachant strictement à ce premier terme de l'énumération, traduit le second de la manière suivante : « Le possesseur de bonne foi acquiert non seulement les fruits qui proviennent de son travail, mais aussi tous ceux qui proviennent du travail d'autrui. » Le sens restreint que donne cet auteur aux mots *sed omnes* fait exprimer par Paul l'opinion adoptée par Pomponius et Justinien. Cette conciliation forcée repose sur une traduction fort ingénieuse et une interprétation judaïque du texte. Nous aurions été tenté de lui opposer la fin de la loi 48, qui reconnaît au possesseur de bonne foi la propriété du lait, du croît et de la laine des animaux, véritables fruits naturels. Mais cette objection ne porterait pas ; Doneau a soin de ranger toutes ces choses parmi les fruits industriels. Cette classification est difficile à justifier, nous ne voyons pas quelle différence essentielle peut exister, au point de vue qui nous occupe, entre la laine des brebis et le foin des prairies, et donner à celui-ci le caractère de fruit naturel refusé à celle-là. En outre, l'interprétation restrictive proposée par Doneau ne concorde point avec une autre partie du même texte, qui semble reconnaître au possesseur de bonne foi les droits les plus étendus, *loco domini pene est.*

Une autre solution consiste à restreindre aux donations entre époux la décision de Pomponius (45 D. XXII, I). L'époux possesseur d'une chose à lui donnée par son conjoint ne réunit pas les conditions exigées du possesseur de bonne foi, il lui manque un juste titre, c'est une conséquence de la nullité des donations entre époux. On aurait dû pour ce motif refuser à l'époux donataire tout droit sur les fruits; il y eut, paraît-il, une controverse. Parmi les jurisconsultes, les uns reconnaissaient d'une manière générale, au profit de l'époux donataire, l'acquisition des fruits ; les autres la rejetaient. Pomponius aurait adopté une solution intermédiaire en distinguant les fruits naturels et les fruits industriels, pour attribuer ces derniers au possesseur comme prix de son travail, et lui refuser les premiers. Le travail du possesseur est ainsi payé, dans tous les cas, de la totalité des fruits industriels; cela peut paraître singulier, l'explication en elle-même est trop conjecturale pour être admise.

M. Machelard (1) résout la difficulté en tradui-

(1) *Dissertations de droit romain et de droit français*, p. 264, note 2.

sant littéralement les mots *bonæ fidei*, dans le texte de Pomponius. « La condition de la bonne foi ne suffit pas, dit-il, il faut qu'elle soit étayée d'une juste cause. » Il ramène ainsi la décision de Pomponius à l'hypothèse spéciale d'un possesseur sans juste titre, et conserve au texte de Paul la portée d'une règle générale que ne contredit point une solution particulière; il rejette d'ailleurs le texte des Institutes comme nous le ferons nous-mêmes.

Voici, croyons-nous, la solution la plus vraisemblable de cette difficulté. Nous écartons le texte des Institutes, il nous paraît impossible d'y découvrir aucune distinction entre les fruits naturels et les fruits industriels. Justinien nous dit : Il a été admis que les fruits appartiendraient au possesseur de bonne foi, comme compensation de son travail. Il est difficile de voir dans cette phrase autre chose qu'une décision applicable à tous les fruits, avec l'indication d'un motif comme on en rencontre souvent dans les textes du Bas-Empire. Les mots *pro cultura et cura* sont, en effet, cette raison d'équité naturelle, *naturali ratione placuit*, qui a inspiré la solution donnée. Si Justinien a voulu restreindre les droits du possesseur à l'acquisition des fruits industriels, il l'a bientôt oublié en refusant au propriétaire le droit de revendiquer les fruits consommés sans distinction, et cela dans le même texte (V. aussi

§ 2, Instit. *De officio jud.*). — Nous renonçons à
concilier les textes du Digeste, dans la crainte
d'aboutir à une erreur, nous préférons reconnaître
l'existence d'une controverse entre les jurisconsultes romains. L'opinion plus ancienne de Pomponius n'a pas prévalu; Paul, dans la loi 48,
rapporte la décision déjà admise de son temps et
qui paraît avoir définitivement triomphé (1).
Aucun texte, en dehors de la loi précitée, ne distingue les fruits naturels des fruits industriels,
tous emploient l'expression générale *fructus*. Cette
évolution du droit n'a rien de surprenant. Les
fruits sont toujours, par quelque côté, industriels,
l'herbe des prairies, les fruits des arbres, les
seuls fruits naturels dont le caractère soit incontestable, supposent une intervention active de
l'homme pour être utilisés ; par leur récolte même
le possesseur collabore à leur production.

Nous avons repoussé toute distinction entre les
fruits naturels et industriels; ne devons-nous
pas en admettre une autre fondée, non plus sur
le caractère des produits, mais sur les qualités
de la chose elle-même? Une chose volée ou occu-
pée par violence ne peut pas être usucapée, le possesseur de bonne foi peut-il en acquérir les fruits?
La réponse n'est pas douteuse si on s'en tient à la
loi (48 D. XLI, I), l'acheteur de bonne foi acquiert

(1) M. Pellat, *De la propriété et de l'usufruit*, p. 409, à la
note.

sans aucun doute les fruits d'une chose qu'il ne peut pas usucaper. Il existe en effet une différence notable entre l'usucapion et l'acquisition des fruits au point de vue de leurs conséquences. L'usucapion entraîne pour le propriétaire la déchéance absolue de son droit, ce résultat peut légitimement paraître excessif lorsque la dépossession n'a pas été volontaire. La perte des fruits est moins grave, elle se justifie par la considération de la bonne foi du possesseur et des soins qu'il a donnés à la chose.

Le possesseur de bonne foi acquiert les fruits de la chose volée. Ce principe, formulé expressément dans le texte précité, ne fut pas appliqué dans tous les cas par les jurisconsultes romains. L'époque de la formation des fruits a servi de base à une controverse. Ulpien (48, 5, D. XLVII, II) distingue les fruits déjà formés chez le voleur et ceux qui se sont formés chez le possesseur de bonne foi, il rejette l'acquisition des premiers, admet celle des seconds : « Si, dit-il, l'esclave était enceinte au moment du vol ou a conçu chez le voleur, le part est furtif et ne peut être usucapé, il ne le sera pas si l'esclave a conçu chez le possesseur de bonne foi et y est accouchée. La même règle s'applique au croît des animaux. » Il a sans doute paru difficile à Ulpien de reconnaître aux fruits une nature différente de celle de la chose dont ils font partie; aussi, les trouvant vicieux au même titre, il leur applique la même règle. Cette solution nous paraît exacte pour le part de l'esclave, il n'a point le caractère de fruit et ne peut devenir la propriété du possesseur que par l'usucapion, il peut paraître exorbitant de le considérer comme *res furtiva* s'il n'existait pas au moment du délit et n'a pu être volé. Il est au contraire logique de déclarer vicieux et imprescriptible l'enfant déjà conçu à l'époque du vol ou tout au moins conçu chez le voleur : il a été comme la chose, et avec elle, l'objet d'une *contrectatio fraudulosa* constitutive du *furtum*. Cette décision justifiée pour le part de l'esclave l'est beaucoup moins pour le croît des animaux, nous en trouvons une preuve suffisante dans l'opinion contraire de Paul (48, 2, D. XLI, I) et (4, 19, D. XLI, III). Ce jurisconsulte ne tient aucun compte de l'époque de la conception pour l'acquisition du croît des animaux. Il ne paraît pas y avoir eu controverse pour le lait et la laine, on considérait seulement pour ces fruits l'époque de leur séparation, sans se préoccuper de celle de leur formation.

Quelques auteurs ont essayé de faire disparaître toute antinomie entre la décision d'Ulpien et celle de Paul. Doneau atteint ce but en insérant une négation dans la loi 48, 5 D. *De furtis* et en lisant : *idem in pecudibus servandum* non *est.* Cette correction a contre elle les principaux manuscrits des Pan—

dectes, elle repose sur un argument qui n'a pas
grande valeur. Dans l'interprétation commune,
Ulpien pose en règle générale l'assimilation du
part de l'esclave et du croît des animaux, mais il
fait aussitôt une distinction entre eux : *Ex furtivis
equis nati statim ad bonæ fidei emptorem pertinebunt,
merito quia in fructu numerantur at partus ancillæ
non numerantur in fructu.* Doneau considère cette
phrase comme une application de la règle posée
dans le paragraphe précédent, et pour maintenir
la concordance entre l'exemple et le principe il
corrige ce dernier (1). Cet argument est le résultat d'un examen superficiel du texte, la décision
d'Ulpien dans le § 6 n'est point la conséquence
du § 5, elle a un objet différent. Dans le § 5 Ulpien
recherche à quelles conditions le croît ou le part
appartiendra au possesseur de bonne foi, et il
établit une distinction basée sur l'époque de la
conception; dans le § 6, il suppose réunies les
conditions voulues pour l'acquisition et examine
comment elle se réalise; ce sera immédiatement,
dit-il, pour le croît qui est un fruit, ce sera par
l'insucapion pour le part qui n'a point le caractère
de fruit. Nous écarterons donc la conciliation
proposée par Doneau pour reconnaître l'existence
d'une controverse dont nous trouvons un indice
dans le texte de Paul. Le jurisconsulte ajoute à

---

(1) Doneau, *Com. de jur. civ.*, liv. V, ch. 26.

l'exposé de sa doctrine : *quod verum est,* et en effet elle paraît avoir définitivement triomphé.

Paul ne dit rien du part de l'esclave, sur ce point il devait se rencontrer avec Ulpien et distinguer d'après le moment de la conception. Il s'agit alors d'un produit qui ne peut être acquis que par usucapion, il était logique de le traiter comme la chose elle-même et de le considérer comme vicieux lorsqu'il avait été l'objet d'un maniement frauduleux, c'est-à-dire, conçu avant le vol ou pendant que l'esclave était entre les mains du voleur.

III. — *Nature des droits du possesseur sur les fruits.*

Les Institutes de Justinien (35 Inst. II, I) nous disent que le possesseur de bonne foi acquiert les fruits qu'il a perçus ; il semble bien qu'il s'agit de l'acquisition de la propriété, cela paraît plus vraisemblable encore si l'on consulte la rubrique de ce titre : *De rerum divisione et adquirendo ipsarum dominio.*

Le même texte contient une seconde proposition : Le possesseur, dit-il, est tenu de restituer les fruits qu'il n'a pas consommés. Ces deux décisions ont été l'une et l'autre l'objet de nombreuses controverses, nous les étudierons séparément. Voyons d'abord quelle est la nature des droits du possesseur sur les fruits.

M. de Savigny (1) reconnaît au possesseur de
bonne foi le même droit sur les fruits que sur la
chose, c'est-à-dire, une *bonæ fidei possessio*. Ce
système a pour base les principes généraux du
droit et quelques textes (V. notamment 2 D.
XLI, X), son auteur le présente comme une
application de la théorie de l'accession. La séparation des fruits, dit-il, donne naissance à un
droit nouveau ; les fruits réunis à la chose n'étaient
l'objet d'aucune possession ; s'ils deviennent corps
distincts, une nouvelle possession doit commencer
pour eux, mais dans ce cas l'appréhension et la
justa causa se transmettent du tout aux parties,
il n'est pas nécessaire qu'il s'en produise de nouvelles. Par conséquent, aussitôt après la séparation commence une usucapion qui s'accomplira
toujours par trois ans, les fruits étant des choses
mobilières ; voilà une conséquence immédiate de
cette théorie, en voici une autre : dès lors que
les fruits sont l'objet d'une usucapion nouvelle,
on doit leur appliquer strictement les règles de
l'usucapion, notamment, l'imprescriptibilité des
choses volées. Cette application conduit à admettre
la distinction d'Ulpien entre les fruits existant au
moment du vol, qui demeurent imprescriptibles,
et ceux dont la formation est postérieure au commencement de la *bonæ fidei possessio*, qui peuvent

(1) *De la possession*, 22 *a*.

être usucapés. Dans ce système, il faut reconnaître au propriétaire de la chose le droit de revendiquer les fruits, s'ils n'ont pas été usucapés par le possesseur, ou consommés; la première condition de la revendication est en effet la possibilité d'une désignation individuelle de son objet. Si les Romains avaient admis cette théorie, ils auraient dû reconnaître au propriétaire, à défaut de la revendication, une *condictio sine causa;* la consommation des fruits n'aurait jamais eu pour effet d'anéantir son droit, le texte des Institutes repousse formellement cette conséquence logique, c'est une première objection au système que nous venons d'exposer, les textes du Digeste en fournissent plusieurs autres. Nous lisons dans la loi 48, 6, D. XLVII, II : *Ex furtivis equis nati statim ad bonæ fidei emptorem pertinebunt, merito quia in fructu numerantur*, le possesseur de bonne foi acquiert les fruits immédiatement; il est difficile d'écarter plus formellement l'usucapion. La loi 4, 19, D. XLI, III, n'est pas moins décisive dans le même sens.

La théorie de M. de Savigny a tout au moins l'avantage d'expliquer la restitution des fruits non consommés, il est assez naturel qu'un simple droit de possession ne mette pas obstacle à la revendication. Si nous admettons au profit du possesseur de bonne foi l'acquisition de la propriété, nous comprendrons plus difficilement cette restitution, nous n'hésitons pas cependant à le faire en présence des textes formels que nous avons cités. Comment expliquerons-nous la coexistence du droit de propriété du possesseur sur les fruits qu'il a perçus, et de l'obligation de rendre ceux qu'il n'a pas consommés? Cujas résout la difficulté en reconnaissant au possesseur de bonne foi un droit conditionnel sur les fruits ; il les acquiert à l'époque de la séparation, mais son droit sera résolu, s'il ne les a pas déjà consommés au moment où le propriétaire revendique sa chose. Bref, l'acquisition des fruits se réalise par la consommation. Cette opinion nous paraît être l'expression exacte du droit du Bas-Empire, nous la trouvons aux Institutes (35, II, I) et dans plusieurs fragments du Digeste. Paul, dans la loi 48 D. XLII, I, dit que le possesseur acquiert les fruits temporairement, *interim*, qu'il est presque à leur égard dans la situation d'un véritable propriétaire, *loco domini pene est ;* ces mots semblent bien lui accorder un droit incomplet, conditionnel. Cette doctrine était même déjà reçue à l'époque de Dioclétien (22, Code, III, XXXII). Il n'est pas probable qu'elle ait été admise à l'époque classique, plusieurs textes nous autorisent à la considérer comme étrangère au droit ancien.

Gaius, dans la loi 28 D. XXII, I, reconnaît au possesseur de bonne foi un droit absolu et im-

médiat sur les petits des animaux. Ce texte est
d'autant moins équivoque que le jurisconsulte
assimile les droits du possesseur et ceux de l'usufruitier; or ce dernier acquiert, sans aucun doute,
la propriété immédiate et définitive des fruits
qu'il a perçus. Julien est plus affirmatif encore
dans la loi 25, 1, D. *eod.*, où nous lisons : *Bonæ
fidei possessor in percipiendis fructibus id juris
habet quod dominis prædiorum tributum est.* Le possesseur a sur les fruits les mêmes droits que le
propriétaire et ses droits sont préférables à ceux
de l'usufruitier. Celui-ci acquiert les fruits par la
perception, le possesseur en devient propriétaire
dès qu'ils sont séparés de la chose productrice
d'une façon quelconque, soit par accident, soit par
le fait d'un tiers. Ce texte est en opposition directe
avec le principe posé aux Institutes, inséré dans
plusieurs fragments des Pandectes, et d'après
lequel le droit du possesseur serait incertain jusqu'à la consommation, comment alors peut-il
être supérieur à celui de l'usufruitier? Le possesseur doit au moins, comme l'usufruitier, acquérir
les fruits par la perception; à cette condition
seulement il y aura égalité entre eux; cela ne
suffit pas, le droit du possesseur est préférable,
et sa supériorité consiste dans cet avantage que la
perception elle-même n'est pas nécessaire, la
séparation suffit.

La loi 48 D.VI, I, nous offre un argument

dans le même sens. Lorsqu'un possesseur de
bonne foi a fait des dépenses sur le fonds d'autrui,
il ne peut les répéter ni contre le donateur qui
lui a livré le fonds et ne doit pas garantie, ni
contre le véritable propriétaire, dont il n'a pas
entendu gérer l'affaire ; il peut seulement les obtenir, par l'office du juge, au moyen d'une exception de dol dans le cas où leur montant excède
la valeur des fruits perçus avant la *litis contestatio*.
Il pourra donc se faire indemniser et retenir cet
excédent, sur la valeur des fruits perçus depuis la
litis contestatio, ou sur le fonds lui-même. Le jurisconsulte suppose donc que le possesseur avait acquis la propriété des fruits perçus avant la *litis
contestatio*. Voici comment M. Pellat explique la
compensation des dépenses avec les fruits perçus
avant la *litis contestatio* plutôt qu'avec ceux perçus
depuis. « Le possesseur, dit-il, est tenu de resti-
« tuer les fruits perçus depuis la litiscontestation,
« tandis qu'il garde pour lui les fruits perçus
« auparavant. Prétendant se faire rembourser
« les dépenses utiles, parce qu'il ne serait pas
« équitable que le propriétaire du fonds s'enrichît
« à ses dépens, il doit, par une semblable rai-
« son d'équité, faire entrer en balance le profit
« qu'il retire lui-même du fonds d'autrui (1). » Il
ne faut pas cependant, suivant un éminent inter-

(1) M. Pellat, *De la propriété de l'usufruit*, p. 305.

prète (1), donner à ce texte une trop grande autorité dans la controverse qui nous occupe ; on
peut supposer que ces fruits perçus antérieurement à la *litis contestatio* ont été consommés, et
alors, bien loin de voir dans le texte une preuve
de l'acquisition immédiate des fruits par le possesseur de bonne foi, nous devrons considérer la
décision de Papinien comme une application de
la doctrine des Institutes. — Papinien exprime la
même opinion dans la loi 65 au même titre. Il
s'agit de l'acheteur d'un fonds hypothéqué par
un autre que le vendeur ; pour conserver le fonds
le possesseur paie la dette hypothécaire, capital
et intérêts ; il a droit au remboursement intégral,
plus les intérêts du capital dont il a fait l'avance,
puisque, sans le paiement, le débiteur, c'est-à-dire
le véritable propriétaire, aurait lui-même payé
ces intérêts. Le possesseur actionné en revendication sera indemnisé au moyen d'une exception
de dol si les fruits perçus avant le procès ne
compensent pas ses avances. Ce texte, comme le
précédent, ne suppose nullement que ces fruits
aient été consommés, on peut en déduire le
même argument pour reconnaître au possesseur
leur propriété immédiate. (Voir aussi 1, 4, D.
XX, I ; — 42, 1, D. XXIV, III.)

Nous trouvons aussi l'expression de la doc-

---

(1) M. Accarias, *Précis de droit romain*, t. II, p. 578,
note 2.

trine classique dans la loi 2 C. III, XXXI, extraite
d'une constitution des empereurs Septime Sévère
et Antonin Caracalla, contemporains de Papinien.
Ce texte attribue au possesseur de bonne foi les
fruits perçus avant la *litis contestatio*, sans distinguer s'ils ont été consommés ou existent encore ;
il restitue les autres. L'omission dans cette loi
de la consommation est d'autant plus significa-
tive qu'elle a pour objet principal la pétition
d'hérédité, et sur cette action le possesseur est
comptable de tous les fruits qui l'ont enrichi. Si
le possesseur d'une chose particulière devait restituer les fruits extants, il serait dans la même
situation que le possesseur d'une hérédité. Bien
loin d'établir cette analogie, le texte met en opposition les deux hypothèses, cette opposition
était même la seule raison d'être de la question
soulevée, il s'agissait de savoir si l'on devait
appliquer les règles de la pétition d'hérédité ou
celles de la revendication. Le désir de faire cesser
cette différence entre les deux actions ne fut
sans doute pas étranger à l'admission du principe
formulé aux Instituts de la restitution des fruits
extants.

Ces différents passages du Digeste ou du Code
reconnaissent au possesseur de bonne foi la propriété des fruits sans exiger qu'il les ait consommés. Cette interprétation permet seule d'expliquer les mots de la loi 48 *De rei vind.* : *Admissa*

compensatione, superfluum sumptum meliore prœdio facto dominus restituere cogitur. Si le possesseur doit restituer les fruits perçus avant la *litis contestatio* lorsqu'ils ne sont pas consommés, il est difficile de comprendre le procédé de la compensation indiquée par Papinien. Pourquoi distinguer les fruits antérieurs et postérieurs au procès, si les uns et les autres sont soumis à la restitution? Le possesseur obtiendrait la totalité de ses dépenses en les retenant sur la totalité des fruits, et alors on ne s'explique pas comment le jurisconsulte peut déclarer que le propriétaire rembourse l'excédent. Si, au contraire, le possesseur a la propriété des fruits antérieurs au procès, il se trouve, par l'effet d'une première compensation, payer de ses propres deniers une partie des dépenses, le surplus seul lui est remboursé par le propriétaire, au moyen d'une seconde compensation avec des fruits sujets à restitution. Il est peut-être difficile de reconnaître une compensation véritable dans l'imputation des dépenses sur les fruits antérieurs au procès ; la compensation est l'extinction d'une dette par une autre, et le possesseur n'est pas débiteur de ces fruits, il en est propriétaire ; c'est une décision inspirée par l'équité, le possesseur a eu le bénéfice de la jouissance, il est juste qu'il en supporte les charges ; voilà pourquoi on l'oblige à faire une imputation qui diminue sa créance contre le propriétaire du gain réalisé par l'acquisition des fruits.

Sur la question des droits du possesseur de bonne foi sur les fruits de la chose, nous adoptons en définitive le système suivant : A l'époque classique, il acquiert tous les fruits perçus ou séparés avant la *litis contestatio ;* au Bas-Empire, il les acquiert seulement par la consommation. Plusieurs textes classiques paraissent contraires à notre opinion, nous devons les expliquer pour établir notre distinction historique.

Aux termes de la loi 48 D. XLI, I, le possesseur acquiert sur les fruits un droit provisoire, *interim,* et imparfait, *loco domini pene est.* Si ces expressions *interim, pene,* appartiennent réellement à Paul, elles sont un puissant argument contre la solution que nous avons donnée. Il est douteux que cette loi soit la reproduction fidèle de la pensée du jurisconsulte ; plusieurs interprètes n'ont pas hésité à y voir la trace d'une interpolation. Prenons, en effet, le texte tel qu'il figure actuellement au Digeste, nous y verrons la reconnaissance non équivoque d'un droit de propriété sous condition résolutoire ; accorder au propriétaire qui revendique sa chose le droit de comprendre dans son action les fruits non consommés, c'est dire que le possesseur a perdu de plein droit, par l'effet d'une condition résolutoire, le droit de propriété qu'il avait acquis sur eux, cette conclusion serait démentie par l'ensemble des textes. A l'époque classique, et plus certainement encore dans la doctrine antérieure, la propriété ne peut pas être acquise *ad tempus* (1). Ulpien paraît avoir le premier admis l'effet translatif de la condition résolutoire : cela résulte du soin qu'il met à justifier son opinion et de l'hésitation avec laquelle il la présente : *potest defendi*, dit-il (29 D. *De mort. causa donat.*) (2). Il serait bien surprenant qu'une doctrine rejetée dans toutes les autres matières eût été admise pour l'acquisition des fruits, et plus surprenant encore qu'une décision aussi importante ne se trouve consignée dans aucun texte formel. Nous pouvons donc effacer le mot *interim;* quant à l'expression *loco domini pene est*, elle est peu précise en elle-même et formellement contredite par la loi 25, 1. D. XXII, I.

La loi 4 D. X, I, distingue les fruits consommés des fruits extants. D'après ce texte, le pouvoir du juge s'étend toujours aux fruits perçus depuis le commencement du procès, les autres n'y sont pas toujours compris. De deux choses l'une, ou bien le possesseur était de bonne foi, et il conserve les fruits s'il les a consommés; ou bien il était de mauvaise foi, et il doit les res-

(1) M. Accarias, *Précis de droit romain*, n° 202.
(2) M. Pellat, *De la propriété et de l'usufruit*, p 274 et suiv.

4

tituer. Les mots *si eos consumpsit* ne figuraient pas dans le texte originaire ; cette assertion se justifie par des raisons puisées dans le texte lui-même. Le jurisconsulte établit une distinction, non pas entre les fruits, mais entre les possesseurs de bonne ou de mauvaise foi, la différence qui les sépare repose uniquement sur l'existence ou l'absence de la bonne foi au moment de la perception ; l'idée de la consommation est accessoire, et si Paul en eût fait une condition de l'acquisition des fruits, il n'eût pas manqué de l'insérer ailleurs qu'à la fin de la phrase, où elle paraît être un détail inutile.

Nous lisons dans la loi 1, 2, D. XX, I, relativement aux fruits, *eos consumptos bona fide emptor utili Serviana restituere non cogetur.* Le texte paraît formel, et si l'interpolation existe, nous devons reconnaître qu'elle n'est pas apparente. Cependant la décision contenue dans cette phrase qui dispense le possesseur de bonne foi de restituer les fruits consommés, ne concorde pas avec le motif que nous lisons à la suite. Voici le texte dans son entier (1) : « Au moment où un fonds était donné « en gage il a été convenu expressément que les « fruits aussi seraient engagés. L'acheteur de « bonne foi ne sera point forcé par l'action utile « Servienne à restituer ces fruits, s'il les a con-

____

(1) M. Pellat, traduction du livre XX, tit. I, *Du gage et de l'hypothèque.*

« sommés. Car on décide que le droit de gage
« n'est pas détruit par l'usucapion, parce que la
« question du gage est distincte de celle de la
« propriété. Il en est autrement pour les fruits
« qui n'ont jamais été au débiteur. » Le motif
donné par Papinien est donc général, applicable
à tous les fruits, la décision elle-même est au
contraire limitée aux fruits consommés. Ce défaut
de logique peut nous surprendre, nous ne l'im-
puterons pas au jurisconsulte, qui dans la même
loi, au § 4, donne une solution que nous avons
citée en faveur de notre opinion. (V. aussi 48 et
65 *De rei vind.*; 42, 1, *Solut. mat.*)

D'autres fragments contiennent des traces évidentes du travail des compilateurs. La laine des
brebis, nous dit Paul, dans la loi 4, 19, D. XLI,
III, appartient sur-le-champ à l'acheteur de
bonne foi. Il en faut dire autant des agneaux,
s'ils ont été consommés. Nous trouvons ainsi une
distinction inexplicable entre deux fruits, la laine
et les agneaux, à moins de rapporter *si consumpti*
à *lana ovium*, ce qui est grammaticalement impossible. A ces arguments tirés du texte lui-
même nous pouvons ajouter un autre fragment
qui donne une solution tout opposée sur le même
objet (28 D. XXII, I).

La loi 41, 1, D. XLII, I, contient également
une interpolation évidente. Voici l'hypothèse : le
donateur d'un immeuble en a la possession, le

donataire revendique, le donateur sera condamné
à restituer le fonds et la totalité des fruits, s'il
ne les a pas consommés. Le jurisconsulte entend
assimiler le donateur et un possesseur quelconque, *ut quivis possessor damnandus est*, et comme il
est possesseur de mauvaise foi, il doit rendre tous
les fruits. Tel est le sens évident du texte en sup-
primant les mots *si eos consumpsit*. Conservons-les,
nous arriverons à des conclusions inadmissibles.
Nous voyons ce possesseur de mauvaise foi garder les fruits consommés et nous cherchons vai-
nement quel est cet avantage dont parle Paul,
qu'a perdu le donateur en ne faisant pas une restitution immédiate, il nous semble avoir bien
compris son intérêt en agissant ainsi, puisqu'il y
gagne les fruits consommés. A côté de cette bizarrerie nous voyons une inconséquence, Paul ne
distingue pas les fruits d'après le temps de leur
perception, et le donateur conserve des fruits
perçus après la *litis contestatio* et consommés,
quand tout autre possesseur de bonne foi devrait
les restituer. Au lieu de l'application des principes généraux annoncée par l'assimilation du donateur à tout autre possesseur, nous trouvons
une dérogation formelle à ces principes au profit
du donateur. Ici encore l'incorrection du raison-
nement est, à n'en pas douter, le résultat de
l'addition inopportune des mots *si consumpsit*.

Les auteurs qui subordonnent l'acquisition des

fruits par le possesseur de bonne foi, à leur consommation, sont obligés de soustraire à l'application du principe les produits du travail de
l'esclave et tout ce qu'il acquiert *ex re possessoris*
(25, 2, D. XXII, 1). Cette distinction entre les
acquisitions réalisées par l'esclave et les autres
fruits est peu logique, M. Pellat le montre clairement par l'exemple suivant : « Si celui qui pos-
« sède de bonne foi un champ et un esclave, a
« dans ses greniers, au moment de la revendica-
« tion, un sac de blé provenant du champ, et un
« sac de blé provenant du salaire rapporté par
« l'esclave, du travail qu'il a fait pour le voisin
« après avoir achevé la moisson chez le posses-
« seur, son maître apparent, le possesseur rendra
« au propriétaire du champ et de l'esclave le pre-
« mier sac et non le second (1). »

Dans le droit du Bas-Empire le possesseur restitue les fruits perçus avant la *litis contestatio* et
non consommés au moment de la revendication.
L'ancien droit classique ne connaissait pas cette
règle, nos lois modernes ne l'ont pas adoptée.

IV. — *Conditions de l'acquisition des fruits par le
possesseur de bonne foi.*

Nous avons admis qu'à l'époque classique le
possesseur de bonne foi devenait propriétaire des

(1) M. Pellat, *De la propriété et de l'usufruit*, p. 310.

fruits antérieurs à la *litis contestatio ;* nous ajouterons, qu'à la différence de l'usufruitier, il les acquiert par le seul fait de la séparation. La loi 25,
1, D. XXII, I, donne cette solution dans les termes les plus formels : « Les fruits appartiennent
à l'usufruitier lorsqu'il les a perçus, au contraire
ils appartiennent au possesseur de bonne foi de
quelque manière qu'ils aient été séparés du sol,
de même que le possesseur d'un fonds vectigal
fait les fruits siens à l'instant de leur séparation. » (V. aussi 13 D. VII, IV.)

Plusieurs textes paraissent admettre une doctrine opposée et décider que le droit du possesseur sur les fruits prend naissance au moment de
la perception. Ils n'ont pas en général pour objet
principal de résoudre la question qui nous occupe;
ils emploient le mot *percepti* comme l'expression
des circonstances ordinaires ; on pourrait en le
prenant à la lettre découvrir dans une même loi
deux solutions contradictoires. Nous lisons dans
les premières lignes de la loi 48 *De acq. rer. dom.* :
*Bonæ fidei emptor non dubie percipiendo fructus suos
facit,* et un peu plus loin : *Denique etiam prius-
quam percipiat, statim ubi a solo separati sunt (fructus) bonæ fidei emptoris fiunt.* La perception et la
séparation sont ainsi présentées successivement
comme suffisant chacune à faire acquérir les fruits
au possesseur de bonne foi. Cette considération
augmente l'autorité des textes que nous avons

cités en écartant le plus grand nombre des objections.

L'acquisition des fruits n'exige-t-elle aucune autre condition telle que l'existence de la bonne foi au moment de la séparation ? Nous avons précédemment admis l'affirmative, il nous reste à la justifier. S'il fallait appliquer par analogie à notre matière les règles de l'usucapion, nous pourrions sans hésiter dire qu'il suffit que la bonne foi ait existé au début de la possession. L'analogie paraît assez naturelle, elle est même consacrée par la loi 25, 2, D. XXII, I : « Un acheteur de bonne foi a ensemencé le fonds et, avant de percevoir les fruits, il a su que le fonds appartenait à autrui, on demande s'il fera les fruits siens par la perception ; l'acheteur, répond Julien, doit être réputé de bonne foi tant qu'il n'est pas évincé, car l'esclave d'autrui que j'ai acheté de bonne foi acquiert pour moi *ex re mea vel ex operis suis*, jusqu'au moment où je suis évincé. » Julien admet donc formellement l'acquisition des fruits malgré la survenance de la mauvaise foi avant leur perception ; son opinion est contredite par Ulpien (23, 1, D. XLI, I), Paul (48, 1, *eod.*) et Africain (40, *eod.*). Paul établit clairement la différence qui sépare l'usucapion et l'acquisition des fruits : « Si, au moment où la tradition m'en a été faite, je croyais que la chose appartenait au vendeur et qu'ensuite j'aie su qu'elle était à un autre, si je la

conserve pendant un temps suffisant pour l'u-
sucapion, deviendrai-je propriétaire des fruits?
Pomponius pense que l'on doit tenir compte de
ce que le possesseur n'est pas de bonne foi,
bien qu'il puisse usucaper; l'usucapion est en
effet une question de droit, la bonne foi une
question de fait. On ne peut tirer objection de ce que l'usucapion s'accomplit, car celui
qui ne peut usucaper une chose vicieuse, en acquiert cependant les fruits. » Cette contrariété
dans les textes a donné naissance à plusieurs opinions, et les conciliateurs ont donné libre car-
rière à leur imagination pour établir l'harmonie
entre les décisions opposées des jurisconsultes
romains. Un ancien auteur (1) indique huit systèmes différents qu'il serait superflu d'exposer.
Nous admettrons avec le plus grand nombre des
interprètes que la bonne foi doit exister au moment de la perception, tout en reconnaissant que
les avis étaient partagés sur cette question. La
rédaction de la loi 23, 1, D. XII, I, contient les
traces indéniables de l'existence d'une controverse, elle est ainsi conçue : « Le possesseur acquiert par son esclave tant qu'il est de bonne foi,
que décider s'il apprend que cet esclave appartient à autrui, ou qu'il est homme libre ? La question est de savoir si l'on doit considérer le com-

---

(1) Gallus, *Tract. de fructibus* (Disput. XII, art. II, n° 2).

mencement de la possession ou l'époque de chaque perception ? *Il est préférable* de considérer chacune de ces époques. » La controverse aboutit vraisemblablement au triomphe de l'opinion de Paul et Ulpien.

La distinction établie entre l'usucapion et l'acquisition des fruits surprend au premier abord, on cherche quel motif a pu dicter cette exigence de la bonne foi plus rigoureuse pour les fruits que pour la propriété; en voici, croyons-nous, la raison. En elle-même l'acquisition des fruits par le possesseur est à l'égard du propriétaire moins importante que celle de la chose, elle est à un certain point de vue plus dangereuse, elle est immédiate alors que l'usucapion exige un délai plus ou moins étendu.

Nous pouvons ainsi nous trouver en présence d'un possesseur qui a usucapé la chose et n'a point acquis les fruits depuis la survenance de la mauvaise foi : quelles restitutions devra-t-il faire ? L'application stricte des règles précédentes nous oblige à conclure ainsi : le possesseur a prescrit la chose, il n'est pas tenu de la rendre, il n'a pas acquis les fruits perçus de mauvaise foi, il doit les restituer au propriétaire. Résultat bizarre, mais logique si l'on ne veut pas, au mépris des textes (arg. 10, 4 et 5 D. XLI, I), attribuer à l'usucapion un effet rétroactif. Cependant, si les fruits étaient déjà formés et faisaient partie de la chose au début de la possession, on peut admettre que le possesseur les aura usucapés comme la chose elle-même; Papinien applique cette décision au part de l'esclave (44, 2, D. XLI, III), nous l'étendrons aux fruits, à raison de l'analogie des deux espèces. Peut-être les jurisconsultes ont-ils été plus loin ; nous avons vu dans la loi 25, 2 *De usuris* que le possesseur acquiert les fruits *quamdiu evictus non fuerit,* s'il a prescrit la chose il ne sera pas évincé, il aura donc pu acquérir les fruits et les conserver. Il est peu vraisemblable que cette solution ait été admise par tous ceux qui exigeaient la bonne foi au moment de la perception.

Nous avons examiné la situation du possesseur qui devient de mauvaise foi, prenons l'hypothèse inverse ; elle est assez difficile à concevoir. Comment celui qui a su que la chose n'appartenait pas à son auteur peut-il ensuite croire avec quelque vraisemblance à l'existence de son droit? Cela paraît impossible pour le même possesseur, à moins de supposer qu'il n'ait acquis successivement deux fois la même chose : une première fois d'une personne qu'il savait n'être pas le véritable propriétaire, une seconde fois d'une autre qu'il croyait propriétaire. On conçoit aisément la survenance de la bonne foi lorsqu'un possesseur de mauvaise foi étant mort, son héritier possède de bonne foi. Quel sera dans ce cas le sort des fruits

perçus pendant la mauvaise foi ? Les règles générales du droit s'opposent à leur acquisition par
le possesseur ; il y a bien deux possesseurs, mais
la possession est unique et ses caractères survi-
vent au décès du premier détenteur ; celui-ci ne
pouvait devenir propriétaire des fruits, son héritier ne le peut pas davantage, ne pourrait-il pas
cependant les usucaper, sinon les acquérir par
la seule prise de possession ? Il ne peut certainement pas usucaper la chose, puisque la possession
a manqué à son origine de l'une des conditions
nécessaires (2, 19, D. XLI, IV); il semble au
contraire qu'il puisse usucaper les fruits ; Paul
dans la loi 4, 5, D. XLI, III, le reconnaît en ces
termes : *Fructus et partus ancillarum et fœtus peco-
rum, si defuncti non fuerunt, usucapi possunt.* Cette
solution fut un tempérament d'équité inspiré
sans doute par la considération de la bonne foi.
L'héritier est donc responsable, en principe, de
tous les fruits perçus par son auteur de mauvaise
foi avant son décès.

A l'époque classique le possesseur acquiert
donc les fruits séparés de la chose pendant la
bonne foi ; au Bas-Empire il faut en outre qu'ils
aient été consommés ; nous devons établir le sens
exact de cette consommation. L'idée la plus
simple et la plus naturelle est d'entendre par
fruits consommés tous ceux qui n'existent plus
en nature entre les mains du possesseur ; il a pu

les transmettre à une autre personne sans exiger
aucun prix en retour, c'est une aliénation gratuite ; il a pu recevoir une valeur en échange,
c'est une aliénation à titre onéreux ; il les a peut-
être anéantis par l'usage qu'il en a fait ; dans
tous les cas, ils ne font plus partie de son patrimoine, ils sont consommés. L'idée d'un enrichissement possible ne joue point en matière de revendication le rôle important qu'elle a dans la
pétition d'hérédité, les textes indiquent assez que
la consommation n'a pas toujours pour résultat
un appauvrissement, elle aboutit souvent à une
transformation (1 *De naut. fenore.* — 18, 10, D.
XLIX, XIV). Quelques fragments des Pandectes
ont permis de soutenir que la consommation véritable se traduit par une perte et ne doit laisser
aucun profit au possesseur ; par conséquent, les
fruits vendus dont il a conservé le prix ne sont
pas consommés, il doit en payer la valeur. La
loi 72 *De leg.* II fournit en ce sens un argument
très sérieux quand on lit le membre de phrase
habituellement cité : *non enim absumitur quod in
corpore patrimonii retinetur*. L'argument perd
beaucoup de sa valeur si l'on prend l'ensemble
du texte ; il suppose un légataire chargé de
rendre à son décès ce qui reste d'une hérédité qui
lui avait été déférée ; la loi 71 l'oblige à restituer
ce qu'il a acquis à l'occasion de cette hérédité
vice permutati dominii, et la loi 72 lui impose la

même obligation *idem servandum*, lorsqu'il a payé ses créanciers avec l'argent de l'hérédité. Dans les deux cas l'enrichissement du légataire apparaît avec une telle évidence, qu'il était équitable de ne pas considérer ses actes comme une véritable consommation ; le jurisconsulte n'a pas eu d'autre but, sa décision n'a point la portée d'une définition générale.

L'innovation du droit impérial fut une extension du sénatus-consulte Juventien à la revendication ; aux termes du sénatus-consulte, le possesseur de l'hérédité restitue les fruits dont il s'est enrichi. On a cru sans doute appliquer le même principe au possesseur d'une chose particulière en l'obligeant à rendre les fruits non consommés. Évidemment, le réformateur n'a pas atteint le but qu'il s'était proposé : en laissant au possesseur les fruits consommés, il l'enrichit ; en lui retirant les autres, il l'appauvrit sans raison. On pourrait croire, en lisant les Institutes, que la réforme avait abouti ; le § 2 Inst. IV, XVII, proclame ce résultat : *Et si hereditas petita sit eadem circa fructus interveniunt quæ diximus intervenire de singularum rerum petitione.* Cette assimilation de la pétition d'hérédité à la revendication est au moins exagérée en ce qui concerne le possesseur de bonne foi ; si elle était exacte, le possesseur de bonne foi d'une hérédité devrait restituer les fruits qui existent encore en nature et dont il a consommé

la valeur ; il pourrait conserver le prix de ceux
qu'il a vendus. Le sénatus-consulte Juventien n'a
jamais consacré ces résultats et Justinien ne l'avait
pas abrogé.

Remarque sur les fruits civils. — Nous devons,
pour être complet, exposer brièvement les règles
de l'acquisition des fruits civils ; faute de textes
particuliers à notre sujet, nous aurons recours
aux principes généraux de la possession et de
l'usufruit. On peut établir deux classes de biens,
ou de fruits civils : les biens tels qu'une maison,
un meuble, un esclave, qui ne produisent rien
par eux-mêmes et peuvent toutefois procurer
des fruits civils représentant leur usage ; les
biens productifs par eux-mêmes et donnés à bail,
qui procurent au propriétaire des fermages représentant les fruits naturels. A l'égard de la
seconde classe de biens, la situation du possesseur
ne peut soulever aucune difficulté ; cultivant lui-
même, il pourrait acquérir tous les fruits perçus
de bonne foi, il détient la chose par l'intermédiaire d'un tiers, cela ne change rien à son droit,
on peut toujours posséder *corpore alieno ;* par
conséquent, il acquiert les fermages en proportion des fruits naturels réellement perçus par son
fermier. Cette solution est incontestable pour
l'usufruit (58 pr. *De usuf. et quemad.*). Nous ne
connaissons aucun motif sérieux de l'écarter en
notre matière. S'agit-il de la première classe de

biens, des fruits civils proprement dits , nous
trouvons dans la loi 19 pr. et 1· *De usur.* une
indication précieuse pour établir les droits du
possesseur ; ce texte nous apprend que le possesseur peut être condamné à restituer comme fruits
la valeur que représente l'usage d'un meuble ou
même d'une servitude ; il est évident que le montant de cette condamnation sera fixé d'après la
durée de l'usage, jour par jour. N'est-il pas naturel d'appliquer à l'acquisition des fruits le principe que nous trouvons écrit pour leur restitution ? Le possesseur acquiert donc les fruits civils
de la seconde catégorie jour par jour jusqu'au
moment où sa bonne foi vient à cesser (analogie
des lois, 25, 2 et 26 *De usuf. et quemad.*).

Nous ajouterons une observation importante
pour le droit du Bas-Empire ; les fruits civils, du
moment de leur acquisition, occupent dans le patrimoine la même place que les fruits naturels après
leur aliénation, c'est-à-dire qu'ils ont dès l'origine la nature de fruits consommés (1).

V. — *Restitution de fruits imposée au possesseur de
bonne foi.*

Le possesseur doit restituer les fruits perçus
depuis la *litis contestatio*, comme s'il avait toujours

(1) De Savigny, *Droit romain*, t. VI, p. 106.

été de mauvaise foi, *post litem contestatam omnes incipiunt malæ·fidei possessores esse* (20, 11 et 25, 7 D. V, III). Cette proposition est suffisamment exacte pour nous permettre de renvoyer sur ce point à ce que nous dirons du possesseur de mauvaise foi ; nous signalerons cependant, pour n'y plus revenir, les différences qui peuvent exister entre les deux classes de possesseurs pour les fruits postérieurs à la *litis contestatio ;* elles correspondent à une diversité de degré dans la mauvaise foi. Le possesseur qui a toujours été de mauvaise foi mérite moins d'égards que celui qui a pu croire légitimement à l'existence de son droit ; sans doute, l'action lui montre que son titre n'était pas à l'abri de toute contestation, elle ne prouve pas qu'il ne repose sur aucun fondement ; on peut être défendeur et gagner le procès.

Une différence importante et certaine existe au point de vue des cas fortuits ; le possesseur de bonne foi n'en est pas responsable ; la loi 40 *De hered. petit.* donne cette solution et la motive en ces termes : *Nec debet possessor aut mortalitatem præstare, aut propter metum hujus periculi temere indefensum jus suum relinquere.* Le possesseur avait des raisons sérieuses de se croire propriétaire, il ne faut pas que la crainte de répondre des cas fortuits lui fasse abandonner sa défense ; telle est la solution raisonnable qui prévalut après quel-

ques controverses entre les jurisconsultes anciens.
Il est possible cependant que le possesseur qui a
été de bonne foi ait complètement cessé de l'être
au moment de la *litis contestatio;* ce cas se présente lorsqu'il a pu reconnaître au simple exposé
de la demande que son droit était purement illusoire; il paraît légitime de le traiter alors comme
le possesseur de mauvaise foi, en le déclarant responsable des cas fortuits. Cujas proposait déjà
cette assimilation : *In malœ fidei possessore, vel
bonœ fidei possessore qui improbe ligitavit, id est,
sine justa causa, sine justa persuasione...* (1).

Quelques auteurs ont admis entre les deux
classes de possesseurs une seconde différence, qui
consiste dans la manière d'apprécier leur responsabilité à l'égard des fruits qu'ils ont négligé
de percevoir (2). Il faudrait, dans un cas, considérer la personne du défendeur, c'est-à-dire
apprécier les fruits négligés par le possesseur de
bonne foi, d'après ceux qu'il pouvait percevoir en
agissant avec la même diligence qu'il apporte
habituellement dans la gestion de ses affaires.
Dans le second cas, on devrait établir la responsabilité du possesseur de mauvaise foi en considérant la personne du demandeur, et imposer

(1) Cujas, t. VII, p. 260, 261.
(2) Le possesseur de mauvaise foi est responsable des
fruits négligés avant ou après la litiscontestation, celui de
bonne foi depuis cette époque seulement.

au défendeur la restitution de la valeur de tous les fruits qu'aurait pu recueillir le demandeur lui-même. Nous examinerons le mérite de cette distinction en traitant des obligations du possesseur de mauvaise foi (1).

Une troisième différence se présente dans la revendication d'un esclave; le possesseur de bonne foi d'un esclave acquiert par son entremise *ex re sua* et *ex operis servi*, il conserve tout le bénéfice de ces acquisitions lorsqu'elles se produisent avant la *litis contestatio*, en est-il de même quand la demande l'a constitué de mauvaise foi? Les textes ne font pas tous à la question une réponse uniforme. Gaius (20 *De rei vind.*) décide que le possesseur doit restituer les acquisitions postérieures à la demande, à moins qu'elles n'aient été faites avec des valeurs puisées dans son patrimoine; la *litis contestatio* aurait donc pour résultat d'enlever au possesseur de bonne foi la faculté d'acquérir *ex operis servi* en lui conservant le bénéfice des acquisitions *ex re sua*. Julien (25, 2, *De usuris*), plus favorable que Gaius au possesseur de bonne foi, lui reconnaît le pouvoir d'acquérir par l'intermédiaire de l'esclave, soit *ex re sua*, soit *ex operis*, jusqu'au moment de l'éviction, c'est-à-dire même pendant la période de temps qui sépare la *litis contestatio*

(1) V. les auteurs cités par M. de Savigny, t. VI, p. 116.

de la sentence. Ulpien, au contraire (23, 1, D. XLI, I), lui refuse même l'acquisition *ex re sua* dans cet intervalle; cette décision, sans aucun tempérament, eût été contraire à l'équité, aussi peut-on conjecturer qu'Ulpien en corrigeait l'injustice en accordant au possesseur une *condictio*, pour réclamer au demandeur la valeur qu'il avait fournie (1). En présence de ces textes, nous croyons pouvoir considérer comme une règle certaine le droit, pour le possesseur de bonne foi, de conserver les acquisitions *ex re sua* réalisées pendant le cours du procès; il est plus certain encore que le possesseur de mauvaise foi ne retire aucun profit de la possession de l'esclave après comme avant la *litis contestatio*.

Dans l'ancien droit romain, le possesseur de mauvaise foi restituait les fruits au double, le possesseur de bonne foi, pour le temps postérieur à la demande, les restituait au simple. On trouve des vestiges de cette solution dans la loi des Douze Tables (*Tab.* XII) par un fragment ainsi conçu : *Si vindiciam falsam tulit, rei sive litis... prætor arbitros tres dato, eorum arbitrio... reus fructus duplione damnum decidito* (2). Paul, dans ses Sentences (l. V, tit. XIX, § 2), restreint l'obligation du double aux fruits postérieurs à la *litis contestatio : ex die accepti judicii dupli fructus com-*

---

(1) M. Accarias, *Précis de droit romain*, n° 299, note.
(2) Giraud, *Nov. Ench.*, p. 25.

putantur. Une constitution de Valentinien, de l'année 369, insérée au Code Théodosien (I C. Th. IV, XIX), reproduit en termes exprès la règle des Douze Tables : *Et prisci juris formulis... malæ fidei possessores in duplum conveniuntur ;* la restitution au double imposée au possesseur de mauvaise foi s'appliquait aux fruits négligés comme aux fruits perçus, le texte ne distingue pas. Justinien, en insérant dans son Code la constitution de Valentinien, en a fait disparaître la mention du double (2, Code, VII, LI) : il effaçait ainsi une différence remarquable entre le possesseur de bonne foi et celui de mauvaise foi.

Il existe une autre différence entre les deux classes de possesseurs ; nous verrons que le possesseur de bonne foi est mieux traité relativement aux impenses que le possesseur de mauvaise foi ; nous aurons à préciser dans quelle mesure, en examinant la controverse qu'a soulevée cette question.

APPENDICE — DES IMPENSES

Les fruits ne sont pas pour le possesseur qui les acquiert un profit pur et simple ; son bénéfice peut être amoindri, sinon complètement absorbé, par les dépenses qu'il a faites sur le fonds possédé ; cette observation nous amène à traiter la question des impenses qui, sans rentrer directement dans le cadre de notre sujet, en est cependant un complément naturel.

Nous avons trouvé plus haut, dans les lois 48 et 65 *De rei vind.*, l'indication du droit aux impenses ; elles ne rentrent pas naturellement dans l'office du juge, et tous les textes supposent que le défendeur qui les réclame a fait insérer dans la formule une exception de dol. Cette forme indique même que le droit aux impenses fut reconnu au possesseur à une époque relativement récente (1). Le résultat de l'exception de dol sera, soit d'autoriser le défendeur à conserver la chose jusqu'à ce qu'il soit indemnisé de ses dépenses, soit de faire diminuer la condamnation ; telle est la mise en œuvre du droit aux impenses ; quelle est son étendue ? Il comprend la totalité des dépenses qui ont eu pour but d'empêcher la chose de périr, et les frais indispensables à la production des fruits (27, 5. — 65 D. VI, 1) — (4 D. VII, VII) — (5, Code, III, XXXII). Le possesseur peut encore réclamer les dépenses utiles, c'est-à-dire « celles qui n'ont point servi à conserver la chose, mais à l'améliorer, faute desquelles la chose n'eût pas péri, mais grâce auxquelles cette chose vaut plus qu'auparavant (2) ». L'appréciation des dépenses utiles peut donner lieu à de nombreuses difficultés,

(1) Ihering, *l'Esprit du droit romain*, t. IV, p. 186.
(2) M. Pellat, *De la propriété*, p. 239.

les hypothèses les plus variées se présentent (1)
(28, 29, 31, 32, *De rei vind.*), et le juge doit tenir
compte, dans leur examen, de la situation des
personnes comme de la nature des choses. *Bonus
judex varie ex personis causisque constituet* (38 *eod.*).
Le demandeur ne paiera pas toujours l'intégralité des dépenses utiles; il peut choisir selon son
intérêt entre les deux partis suivants : tenir
compte au possesseur de la dépense inférieure à
la plus-value, ou lui rembourser la plus-value
inférieure à la dépense (29, 2, D. XX, I). Le
moyen reconnu au possesseur pour obtenir le
remboursement de ses dépenses est le lien qui
unit cette matière à l'acquisition des fruits. Le
possesseur doit, en effet, imputer ses impenses
sur les fruits qu'il a perçus ; en cas d'insuffi-
sance des fruits, il obtient l'excédent, soit en
retenant la chose, soit en faisant diminuer la
condamnation grâce à l'exception de dol. Ce
moyen est efficace lorsque le possesseur n'est pas
dessaisi, son utilité est nulle dans le cas où le
possesseur, ignorant son droit de rétention, a
restitué le fonds sans déduire le montant de ses
impenses. Cujas (2) lui reconnaît dans ce cas
une *condictio incerti* pour recouvrer la possession,
mais tous les textes qu'il invoque sont réfutés par

(1) M. Pellat sur la loi 27, 5, *De rei vind.*, examine en
détail ces hypothèses.
(2) Cujas, t. VII, p. 289.

la loi 33 *De cond. indeb.*, où nous lisons : *Ideo constat si quis cum existimaret se heredem esse, insulam hereditariam fulsisset nullo alio modo quam per retentionem impensas servare posse.* Le même auteur (1) admet aussi que le possesseur sera indemnisé en l'absence de toute exception par l'office du juge ; il déclare qu'il n'y a pas lieu de distinguer sur ce point la pétition d'hérédité et la revendication. Les jurisconsultes admettaient, en effet, sauf quelques divergences d'opinions, que les pouvoirs du juge de la pétition d'hérédité étaient assez étendus pour l'autoriser à trancher la question des impenses (38, 44, 58, D. V, III). L'assimilation des deux actions *in rem* n'est pas exacte ; on comprend aisément l'étendue des pouvoirs du juge de la pétition d'hérédité : il a pour mission d'apprécier un ensemble de biens et de dettes, les impenses sont l'un des éléments du compte à établir. La revendication n'a pas le même caractère, elle a pour objet une chose déterminée, le juge doit se borner à vérifier le droit du demandeur sur la chose et en ordonner la restitution ; l'appréciation des impenses est en dehors de sa mission, elle ne peut y entrer qu'en vertu d'un ordre formel du magistrat, c'est-à-dire, par l'insertion dans la formule d'une exception de dol. Le système de Cujas ne respecte pas les termes

(1) T. IV, p. 823 *Ad legem* 48 *De rei vind.*

de la loi 48 *De rei vind. : Verum exceptione doli po-*
sita, per *officium judicis æquitatis ratione servantur.*
L'*officium judicis* est présenté comme une suite
de l'exception de dol ; le texte signifie qu'en vertu
de cette exception le juge pourra tenir compte
des dépenses faites sur le fonds par le possesseur
de bonne foi. Cujas insère dans la phrase une
disjonctive, *exceptione doli,* vel *per officium judicis,*
et conclut qu'à défaut d'exception le juge peut
néanmoins, à cause du pouvoir général qui lui
appartient dans les actions arbitraires, compenser
les dépenses avec les fruits. La correction proposée par Cujas ne nous paraît pas fondée (1), et nous
admettrons que, au moins à l'époque classique,
le possesseur devait obtenir l'exception de dol
pour se faire rembourser les impenses au moyen
d'une compensation avec les fruits.

Pothier, lui, accorde une autre ressource : il
lui reconnaît une action *negotiorum gestorum ;* il
est difficile de justifier son opinion ; le possesseur
a bien entendu gérer sa propre affaire, il n'a pas
agi dans le but d'obliger un tiers, l'action de gestion d'affaire est inapplicable (14, 1, D. X, III).

La situation du possesseur n'est peut-être pas
aussi mauvaise qu'elle le paraît au premier abord,
il sera protégé par l'application des interdits et
de l'action Publicienne. L'interdit *uti possidetis* ou

(1) M. Pellat, *De la propriété,* p. 332, note 1.

unde vi lui fera recouvrer la chose, par conséquent le rôle de défendeur à la revendication et
le moyen d'opposer l'*exceptio doli*. S'il était *in
causa usucapiendi* il agira utilement par la Publicienne, sauf dans le cas où le propriétaire possé-
derait la chose ; dans cette hypothèse, il serait
écarté par l'*exceptio justi dominii ;* ne pourrait-on
pas alors, comme le propose un éminent auteur (1), lui accorder une *replicatio doli*, comme s'il
était défendeur à la revendication, au lieu d'être
demandeur dans la Publicienne?

Le possesseur de bonne foi peut, avons-nous
dit, réclamer au propriétaire les dépenses qu'il a
faites en vue d'une récolte, aura-t-il cette faculté
si la récolte n'a pas abouti? Nous donnerons à
cette question une réponse affirmative pour le
possesseur d'une hérédité en nous conformant à
deux textes exprès (36, 5, 37 D. *De hered. petit.*).
Cujas (2) pense que l'on doit étendre cette solution à la revendication, mais il ne peut invoquer
en faveur de son opinion que des raisons d'équité
et le parallélisme habituel des deux actions ; ce
système aboutirait à une nouvelle différence précédemment annoncée entre le possesseur de
bonne foi et celui de mauvaise foi, ce dernier ne
pouvant pas se faire rembourser les dépenses

(1) M. Accarias, t. I, p. 614, note 2, 3e édit.
(2) Cujas sur la loi 27, 5, *De rei vind.*

faites en vue de la production des fruits lorsqu'il
n'y a pas eu de récolte.

SECTION II

DU POSSESSEUR DE MAUVAISE FOI

Le possesseur de mauvaise foi est celui qui
possède sciemment la chose d'autrui; il savait,
au moment de l'acquisition, que le *tradens* n'était
pas propriétaire et n'avait pas le pouvoir d'aliéner en vertu d'une autre qualité, telle que le titre
de mandataire ou de tuteur; ou bien, aucun acte
juridique, aucune *justa causa* n'a précédé son en-
trée en possession. L'opposition qui existe entre
la situation du possesseur de mauvaise foi et
celle du possesseur de bonne foi nous conduit naturellement à comparer aux droits de celui-ci les
obligations de celui-là; mais il n'est pas question d'une acquisition proprement dite des fruits
par le possesseur de mauvaise foi, c'est bien plutôt une restitution. Nous retrouvons ici l'étude
des pouvoirs du juge, qui complète celle de l'acquisition proprement dite des fruits.

La présence d'un possesseur de mauvaise foi
ne porte aucune atteinte au droit du propriétaire
sur les fruits de sa chose; sans doute la mauvaise foi ne se présume pas (30, Code, VIII, XLV),
et le demandeur doit en faire la preuve, mais,

l'ayant faite, il obtiendra la restitution de la chose avec tous ses accessoires, notamment tous les fruits, à compter du jour de la dépossession. Le possesseur de mauvaise foi restitue les fruits qu'il a perçus et la valeur de ceux qu'il a négligé de percevoir, le possesseur de bonne foi est soumis à la même obligation après la *litis contestatio, si vero bona fide possessor fuerit... post inchoatam petitionem etiam illorum fructuum ratio habetur qui culpa possessoris percepti non sunt...* (2 Instit. IV, XVII).

Un auteur (1) a prétendu effacer toute différence sur ce chef entre les deux possesseurs, et soutenu, contre l'opinion générale, que le possesseur de mauvaise foi lui-même n'est pas responsable des *fructus non percepti* antérieurement à la *litis contestatio ;* cette responsabilité serait donc une conséquence immédiate du rapport d'obligation créé par l'instance entre le demandeur et le défendeur. Plusieurs textes contredisent cette opinion; il est hors de doute cependant que la responsabilité du possesseur de mauvaise foi, quant aux fruits négligés dans le temps qui a précédé la demande, n'a pas toujours été reconnue. La *rei vindicatio* primitive ne comprenait point le *dolus præteritus* ni les fruits négligés; sans doute, elle pouvait être complétée par une

_____

(1) Madai, cité par M. Pellat, p. 346, à la note.

action personnelle, mais l'ancien droit romain ne
devait pas reconnaître cette action; elle eût sup-
posé l'existence entre le possesseur et le propriétaire d'un rapport obligatoire qui faisait défaut pour l'époque antérieure à la *litis contestatio*.
Si, l'idée d'un rapport obligatoire dans la revendication était étrangère au droit ancien, on peut
dire qu'elle domine le droit nouveau; nous la
trouvons dans la faculté reconnue au propriétaire
d'agir contre le possesseur à raison de son *dolus
præteritus* et des fruits, elle apparaît aussi par le
droit accordé au possesseur de réclamer ses impenses (1); seule, elle pouvait justifier la restitution des fruits que le possesseur de mauvaise
foi a négligé de percevoir. Elle fut pour la première fois mise en pratique par un sénatus-consulte rendu sous le règne d'Adrien et relatif à la
pétition d'hérédité. Les textes expriment l'obligation qui existe entre le possesseur de mauvaise
foi et l'héritier, en déclarant le possesseur responsable de son dol passé et même de sa faute
(25, 2 et 3, 2 *De hered. pet.*) (2). On en conclut
qu'il devait payer la valeur des fruits qu'il avait
omis de recueillir : *Sed et fructus non quos perceperunt sed quos percipere debuerunt eos præstaturos*

---

(1) Ihering, *l'Esprit du droit romain*, t. IV, p. 183.
(2) Le sénatus-consulte décidait que le possesseur de
mauvaise foi qui aurait cessé de posséder par dol serait
condamné comme s'il possédait encore, et Ulpien l'explique
en disant qu'il répond du *dolus præteritus* et de la *culpa*.

(25, 4 *eod. tit.*). Les jurisconsultes appliquèrent ensuite la même décision à la revendication ; Paul mentionne cette extension, les expressions qu'il emploie montrent qu'elle était encore à son époque une nouveauté plutôt qu'une règle incontestable. « Puisque, dit-il, le dol antérieur est compris dans l'action réelle générale, la pétition d'hérédité, *il n'est pas absurde* qu'il soit également compris dans la revendication, action réelle spéciale (27, 3 *De rei vind.*). La loi 157, 1, *De reg. juris*, peut être citée dans le même sens, elle paraît bien comprendre les deux actions en revendication et en pétition d'hérédité; mais, dans la pensée du jurisconsulte, ce fragment ne visait peut-être que l'une d'entre elles, le titre où il est inséré amoindrit beaucoup son autorité. Les textes cités mentionnent le dol antérieur. Nous avons vu comment les jurisconsultes en avaient déduit la responsabilité des fruits négligés, il est rationnel de supposer que Paul entendait appliquer à la revendication le principe du sénatus-consulte avec toutes ses conséquences reconnues, y compris l'obligation, pour le possesseur de mauvaise foi, de payer la valeur des fruits qu'il pouvait percevoir et n'a pas recueillis.

Comment faudra-t-il estimer les fruits que le possesseur aurait pu percevoir? Deux solutions se présentent tout d'abord à l'esprit : dans l'une on apprécie *in abstracto* la possibilité de la percep-

tion des fruits, on prend comme criterium la conduite du *diligens paterfamilias ;* dans l'autre on
l'estime *in concreto*. La seconde solution se sub-
divise, on peut choisir entre deux personnes con-
crètes, celle du demandeur et celle du défendeur.
Ces trois points de vue différents paraissent se
rencontrer dans les décisions données par les jurisconsultes romains, et la contrariété des textes
a été la cause première d'une controverse que
nous n'espérons point résoudre, mais que nous
devons exposer.

Etant donnés les principes de l'action en revendication, son but pratique, qui est de procurer
au demandeur tous les avantages qu'il a perdus
par la dépossession, il paraît logique ou tout au
moins équitable d'imposer au défendeur de mauvaise foi (et au défendeur de bonne foi depuis la
demande) la restitution des fruits que le demandeur lui-même aurait pu recueillir. Les textes
justifient pleinement cette déduction pour la période de temps postérieure à la *litis contestatio ;* il
est certain que le jugement sur la revendication
a pour but « de reproduire artificiellement l'état
de choses qui eût naturellement existé s'il eût été
possible de le prononcer dès l'origine du procès (1) ». Le seul moyen d'atteindre ce but à l'é-
gard des fruits est de chercher ce qu'aurait pu
faire le demandeur, quels produits il aurait tirés

(1) M. de Savigny, *Droit romain*, t. VI, p. 6.

de sa chose ; ce procédé d'estimation lui sera moins favorable qu'un autre, si le possesseur pouvait, à cause de sa situation exceptionnelle, obtenir des produits plus abondants, l'équité ne serait pas lésée cependant ; elle le sera, si l'on prend pour base d'estimation la situation personnelle du défendeur. Que l'on oblige le possesseur de mauvaise foi à restituer les fruits qu'il a perçus même dans le cas où le propriétaire ne pouva t pas les recueillir, c'est justice, son usurpation ne doit pas l'enrichir ; le contraindre à payer la valeur des fruits qu'il n'a pas perçus et que le propriétaire ne pouvait percevoir, ce n'est plus assurer à ce dernier une indemnité, c'est lui procurer un bénéfice inattendu.

Les principes généraux du droit romain et de l'équité naturelle nous autorisent donc à considérer la personne du demandeur pour apprécier les *fructus non percepti ;* à ces raisons insuffisantes par elles-mêmes nous ajouterons l'appui de textes formels.

Ecartons d'abord plusieurs fragments qui semblent se rapporter à la personne du défendeur (25, 4, *De hered. petit.*), (5 Code, *De rei vind.*), (2, Code, VII, LI), (1, 1, Code, III, XXXI), (3, Code, IV, XXIV), (2, Code, VIII, XXV) : ils ne font pas intervenir le demandeur et se bornent à dire que le défendeur doit restituer les fruits qu'il a dû ou qu'il a pu percevoir ; leur objet principal est d'établir l'obligation du défendeur, non pas d'en fixer l'étendue ; en parlant des fruits qu'il a dû percevoir, ils n'indiquent pas comment on appréciera la possibilité de leur perception.

Voici les textes qui confirment notre opinion : loi 62, 1, D., *De rei vind.*, ainsi traduite par M. Pellat : « En général, lorsqu'il s'agit d'esti- « mer les fruits, il est constant qu'il faut consi- « dérer non pas si le possesseur de mauvaise foi « a joui, mais si le demandeur aurait pu jouir « dans le cas où il lui eût été permis de posséder. « Ce sentiment est aussi approuvé par Julien. » La pensée du jurisconsulte est nettement exprimée, on ne doit pas considérer si le défendeur a joui, mais si le demandeur aurait pu jouir. Ulpien dit avec la même précision : *Fructus autem hi deducuntur in petitionem non quos heres percepit, sed quos legatarius percipere potuit* (39, 1, *De leg.* I) (dans le même sens 4, Code, VIII, IV). Le système que nous soutenons était donc admis par Papinien, Julien et Ulpien ; nous avons écarté celui qui consiste à apprécier la possibilité de la perception d'après la situation du défendeur, il nous reste à exposer sinon à réfuter un système qui paraît supprimer la controverse, et nie son existence, en attaquant « moins les solutions proposées que la position même de la question (1) ». Nous croyons ce système attaquable,

(1) M. de Savigny, t. VI, p. 116.

ses partisans nous en indiquent le point faible;
« la question telle que nous l'avons posée implique en effet, dit M. de Savigny, que la perception des fruits tient à une capacité individuelle
qui peut exister ou manquer tantôt chez l'une,
tantôt chez l'autre des parties... cela n'est nullement fondé ». L'opinion de M. de Savigny paraît
avoir les préférences de M. Pellat, cependant le
savant professeur reconnaît « qu'il peut se présenter des cas où le demandeur, par sa position
particulière, aurait pu retirer un revenu plus considérable que le défendeur n'aurait été à portée
de le faire, quand même il aurait usé de toute la
diligence dont il est capable. » Nous aurons à
revenir sur ces deux propositions après avoir
exposé fidèlement le système. La responsabilité
des fruits négligés provient, dans cette théorie, de
la *culpa* du possesseur qui aurait dû les recueillir;
l'existence ou la non-existence d'une faute doit
trancher toutes les difficultés, il suffit de comparer la conduite du possesseur à celle qu'aurait
eue dans les mêmes circonstances un *diligens
paterfamilias ;* deux textes sont invoqués en faveur de ce système : (2 Inst. IV, XVII) (§ 9 *Sentences de Paul,* liv. I, tit. XIII a). M. de Savigny
rejette les textes que nous avons cités plus haut
par l'argumentation suivante : « Sans doute,
« dit-il, nous voyons dans plusieurs textes que
« les fruits sont dus dans le cas où le demandeur

6

« aurait pu les recueillir ; mais d'autres textes et
« en plus grand nombre posent seulement la
« ques'.on de savoir si le défendeur a pu ou dû
« recueillir les fruits. Ces deux locutions ont ab-
« solument le même sens, et c'est avec raison
« qu'on les emploie indifféremment l'une pour
« l'autre. » Le jurisconsulte allemand reconnaît
que les textes qui parlent des fruits que le possesseur aurait pu recueillir énoncent la question
sans la résoudre ; son autorité confirme ainsi les
conclusions que nous avons posées à leur égard.
Mais il reconnaît la synonymie de deux locutions
qui nous paraissent entièrement distinctes, l'une
pose la question, l'autre donne la réponse ; aux
termes de la première, le possesseur restitue les
fruits qu'il a dû percevoir ; d'après la seconde, il
répond de tous ceux qu'aurait pu percevoir le
propriétaire. Il nous paraît difficile de considérer
avec M. de Savigny ces deux propositions comme
deux manières de poser une même question. Exa-
minons les résultats pratiques de son système en
prenant une hypothèse. Le propriétaire d'une
terre inculte, contraint par sa position de la
laisser improductive, s'est vu dépouiller par un
usurpateur ; celui-ci, disposant de moyens exceptionnels qui faisaient défaut au légitime propriétaire, a transformé le fonds en l'améliorant ; il en
a perçu les fruits pendant un temps plus ou
moins long, puis, pour un motif quelconque, a

cessé complètement de les recueillir. Le propriétaire, eût-il été très diligent, ne pouvait tirer
aucun parti de sa terre, le possesseur l'a fait; puis,
devenu négligent, c'est-à-dire en faute, il a cessé
de percevoir les fruits; on devra l'obliger à payer
la valeur de tous ceux qu'il aurait pu recueillir
en agissant comme un *diligens paterfamilias*, et le
propriétaire recevra de la générosité du juge un
bénéfice inespéré. Dans notre système, le possesseur restituera tous les fruits perçus, mais
pour le temps pendant lequel il a été négligent il
devra ceux qu'aurait pu recueillir le demandeur;
le défendeur ne s'enrichit pas, le demandeur ne
subit aucune perte injustifiée, c'est le résultat le
plus conforme à l'équité. Nous admettons d'ailleurs au profit du propriétaire la présomption
qu'il est un *diligens paterfamilias;* cette qualité lui
faisant défaut, le défendeur devra en fournir la
preuve, s'il prétend faire abaisser la condamnation du chef des fruits négligés. Cette observation nous permet de répondre aux textes, cités
par M. de Savigny, qui indiquent comme base
d'appréciation la conduite d'un père de famille
diligent; ils n'ont point pour objet de poser un
principe, mais ils expriment le résultat ordinaire
de l'action. En général, le défendeur pourra difficilement établir que le demandeur n'aurait pas
agi comme un père de famille diligent, le juge
lui appliquera purement et simplement la théorie

de la *culpa*, en le condamnant à payer la valeur
des fruits qu'aurait perçus le demandeur, considéré comme *diligens paterfamilias* jusqu'à preuve
contraire.

Nous pouvons résumer la controverse et formuler ainsi la question : La possibilité de la perception des fruits doit-elle être appréciée d'après
la personne concrète du demandeur ou du défendeur, ou la personne abstraite du *diligens pater-*
familias? Nous croyons devoir répondre avec les
textes : d'après celle du demandeur. Ce système
est rigoureux lorsque le demandeur pouvait, à
cause de sa situation particulière, retirer de la
chose un revenu considérable; aussi admettons-
nous le tempérament proposé par M. Pellat, en
n'imposant pas la restitution de ces produits extraordinaires au possesseur de bonne foi qui
répond des fruits négligés depuis la *litis contestatio*,
et cela, parce qu'on ne doit pas lui reprocher
d'avoir résisté à la demande.

On a soutenu deux autres systèmes : le premier (1) distingue entre la revendication et la
pétition d'hérédité; le second (2), entre le possesseur de bonne foi déclaré responsable des fruits
qu'il aurait pu recueillir lui-même, et le possesseur de mauvaise foi tenu de restituer tous ceux
que le demandeur pouvait percevoir.

(1) Buchholtz.
(2) Glück, Vangerow, cités par M. Pellat.

La restitution des fruits négligés par le possesseur de mauvaise foi ne fut pas toujours appliquée avec la même rigueur; l'ancien droit l'imposait au double au moins pour le temps postérieur à la *litis contestatio*. Cette exigence se retrouve dans le Code Théodosien, elle disparut avant le règne de Justinien. Nous renvoyons sur ce point aux explications que nous avons données plus haut.

Les obligations du possesseur de mauvaise foi sont-elles toujours sans compensation, n'a-t-il jamais aucun droit à faire valoir contre le propriétaire? Il était équitable de l'autoriser dans tous les cas à réclamer les impenses nécessaires, c'est-à-dire celles qui ont eu pour objet la conservation de la chose, la production, la récolte ou la conservation des fruits (36, 5, *De hered. pet.*). La justice la plus élémentaire commandait cette décision, qui est en outre conforme aux principes généraux de la revendication. Cette action a pour but de replacer le demandeur dans la situation où il serait s'il n'avait pas été dépossédé; conservant sa chose, il aurait dû faire les dépenses nécessaires pour l'empêcher de périr, par exemple, de payer la condamnation pour éviter la *deditio noxalis* de l'esclave poursuivi *ex delicto;* si le possesseur de mauvaise foi a payé cette condamnation, il est juste que le propriétaire lui en rembourse le montant (27, 5, *De rei vind.*). De

même, le propriétaire n'aurait pu recueillir les
fruits sans les frais de culture, de semence et de
récolte faits par le possesseur, et que lui-même
aurait été contraint de faire s'il avait joui de la
chose, il devra donc les restituer, autrement la
dépossession, bien loin de lui avoir causé préjudice, l'enrichirait (27, 5. 65 pr. D. *De rei vind.*)
(4 D. VII, VII) (5, Code, III, XXXII) (1). Le droit
du possesseur de mauvaise foi de réclamer les
impenses faites en vue des fruits est soumis à une
condition, il faut que la récolte ait réussi et que
par conséquent il restitue les produits dont il
réclame les frais ; le possesseur de bonne foi a sur
ce point une situation meilleure, nous l'avons dit
précédemment (37, *De hered. pet.*). C'est une extension des règles de la pétition d'hérédité à la
revendication.

En ce qui concerne les dépenses utiles, la question des droits du possesseur de mauvaise foi
présente quelque difficulté. La théorie romaine
peut se résumer dans la proposition suivante :
l'ancien droit refuse toujours au possesseur de
mauvaise foi les impenses utiles ; cette rigueur
fut adoucie au troisième siècle de l'ère chrétienne. Nous trouvons l'expression du système
primitif jusque dans les Instituts (§ 30 *De rer.*

(1) Voici un texte général : *Quod in fructus redigendos
impensum est, non ambigitur ipsos fructus deminuere debere*
(46 D. XXII, I).

div.), trop fidèlement copiées sur Gaius (7, 12, D. *De adq. rer. dom.*). Le texte contient le motif de sa décision : *Et si scit alienum solum esse, sua voluntate amisisse proprietatem materiæ intelligitur.* Les jurisconsultes présumaient ainsi d'une manière absolue que le possesseur de mauvaise foi avait eu l'intention de faire une donation au propriétaire en améliorant sa chose ; cette présomption est contraire à toute vraisemblance, les intentions libérales du possesseur sont démenties par le préjudice qu'il causait sciemment au propriétaire ; et elle viole ce principe équitable du droit classique : nul ne doit s'enrichir sans cause aux dépens d'autrui (206 *De reg. jur.*). On peut, il est vrai, répondre à cette maxime par une autre : *Quod quis ex culpa sua damnum sentit, non intelligitur damnum sentire* (203 *De reg. jur.*). Néanmoins, les textes ne laissent aucun doute sur l'application rigoureuse de cette présomption de libéralité.

Voici les modifications du droit nouveau : la loi 2 Code, III, XXXII, autorise le possesseur de mauvaise foi à revendiquer ses matériaux après la démolition des édifices qu'il avait élevés sur le fonds d'autrui ; les lois 37 D. *De rei vind.* et 5 Code, III, XXXII, lui permettent d'enlever les constructions qu'il a faites, sans détériorer le fonds. En présence de cette rigueur, quelques auteurs, après Cujas, ont reconnu au possesseur de mau-

vaise foi une exception de dol pour se faire indemniser des dépenses utiles jusqu'à concurrence de
la plus-value produite, dans le cas seulement où
la chose améliorée existe encore; ils étendent
ainsi à la revendication une règle de la pétition
d'hérédité (38 D., *Her. pet.*), (sauf la forme de
l'exception de dol qui n'est pas exigée dans cette
dernière action).

Le possesseur de mauvaise foi obtiendra le
remboursement de ses impenses nécessaires au
moyen d'une exception de dol, suivant les règles
précédemment expliquées pour le possesseur de
bonne foi (1).

Remarque générale. — La restitution des fruits
imposée soit au possesseur de bonne foi, soit à
celui de mauvaise foi, sera comprise ordinairement dans la revendication; par exception, les
fruits qui existent en nature peuvent être reven-
diqués séparément, et les fruits consommés feront
l'objet d'une *condictio sine causa, a prædone enim
fructus et vindicari extantes possunt et consumpti
condici* (22, 2, D. XIII, VII). — Le seul moyen
d'obtenir la valeur des fruits négligés est la revendication principale, la revendication particulière

---

(1) Il ne peut être question d'assimiler les intérêts aux
fruits dans la revendication, qui s'applique seulement à des
pièces d'argent déterminées et forcément improductives
entre les mains du possesseur; la situation est bien différente dans la pétition d'hérédité et les actions personnelles, qui comportent des calculs d'intérêts.

est impossible, et la *condictio sine causa* inapplicable, puisque le possesseur ne s'est pas enrichi des fruits qu'il n'a point perçus.

CHAPITRE II

ACQUISITION DES FRUITS D'UNE HÉRÉDITÉ

L'hérédité est l'universalité des biens d'un défunt. Elle comprend les objets matériels dont il était propriétaire, possesseur ou simple détenteur précaire, les droits de créance dont il était titulaire, et les acquisitions qu'elle a réalisées étant encore jacente, soit par l'intermédiaire de ses esclaves, soit à l'occasion des délits commis par des tiers (14. 16, 3. 18, 2 *De hered. pet.* 7, 5, D. XLIV, 11). Cette énumération nous prouve qu'il est inexact de considérer la pétition d'hérédité comme la revendication d'un ensemble de biens. Tout en étant une action réelle, elle ne suppose pas l'affirmation d'un droit de propriété. Cette action consiste dans la réclamation du titre d'héritier contre un tiers qui s'en prétend investi, (ou détient une chose héréditaire sans se prévaloir d'aucun titre) (1). La restitution de l'hérédité telle que nous l'avons définie apparaît comme une

(1) Elle appartient à l'héritier qui ne possède pas.

simple conséquence de la qualité que le juge a reconnue dans la personne du demandeur. Nous renvoyons sur ce point aux observations générales que nous avons présentées. Nous devons examiner quels sont les résultats de cette action à l'égard des fruits, et comment le juge apprécie les restitutions imposées soit au possesseur de bonne foi, soit au possesseur de mauvaise foi.

SECTION PREMIÈRE

DU POSSESSEUR DE BONNE FOI

La législation n'a pas toujours été sur ce point telle qu'elle nous apparaît dans la compilation de Justinien; le possesseur de bonne foi d'une hérédité acquérait sans doute, dans le droit primitif, tous les fruits antérieurs à la *litis contestatio* et devait restituer ceux qu'il avait recueillis postérieurement; il n'était pas question des fruits négligés. C'est l'application pure et simple des règles de la revendication. L'ancien état de choses fut modifié par un sénatus-consulte (1) rendu sous le règne d'Adrien en l'an de Rome 882 (129 de l'ère chrétienne); le texte de cet acte législatif nous est incomplètement connu par un fragment

(1) Les interprètes l'ont appelé sénatus-consulte Juventien, du nom de l'un des consuls de l'époque, Juventius Celsus.

d'Ulpien (20, 6, *De hered. pet.*). La réforme visait
spécialement les biens du fisc, le sénatus-consulte
mentionne seulement les *partes caducæ*. Ulpien
étend ses décisions aux hérédités vacantes réclamées par le fisc (20, 7, *De hered. pet.*), et il ajoute
que personne n'en conteste l'application aux hérédités réclamées par de simples particuliers. *In
privatorum quoque petitionibus senatusconsultum lo-
cum habere nemo est qui ambigit* (20, 9, Code). Le
texte autorise d'ailleurs son interprétation par
ces mots : *idemque in similibus causis servandum.*

La seule disposition du sénatus-consulte qui
nous intéresse actuellement est ainsi conçue : *Eos
autem qui justas causas habuissent quare bona ad se
pertinere existimassent usque eo dumtaxat quo locupletiores ex ea re facti essent(condemnandos)* ; elle nous
fournit le criterium des restitutions à faire par le
possesseur et définit par là même son droit aux
fruits ; ce criterium est l'enrichissement du possesseur. Nous pouvons en déduire aussi les caractères distinctifs de la bonne foi en matière de
pétition d'hérédité : le possesseur est de bonne
foi lorsqu'il a un motif plausible de se croire héritier, il importe peu qu'il commette une erreur de
fait ou de droit, tel est l'avis d'Ulpien : *Et non puto
hunc esse prædonem qui dolo caret, quamvis in jure
erret* (25, 6, *eod.*).

La situation du possesseur d'une hérédité à
l'égard des fruits se résume dans la maxime célè-

bre : *fructus augent hereditatem;* cette formule absolue s'applique à la lettre au possesseur de mauvaise foi, elle subit un tempérament inspiré par l'équité en faveur du possesseur de bonne foi (loi 40, 1, *eod.*) : *In bonæ fidei possessore, hi tantum (fructus) veniunt in restitutione quasi augmenta hereditatis per quos locupletior factus est.* Le possesseur de bonne foi acquiert donc les fruits de l'hérédité par la consommation sans profit. Au Bas-Empire, une règle à peu près semblable est admise pour le possesseur d'une chose particulière, Justinien croit même à l'identité absolue de résultat entre la revendication et la pétition d'hérédité (2 Inst. *De off. jud.*); nous avons signalé cette assimilation comme une méprise de l'empereur, et montré comment elle s'accorde peu avec le sénatus-consulte Juventien, qui n'était pas abrogé. On peut exprimer sous une forme saisissante la différence des deux actions réelles en disant que, dans la revendication, la règle générale est l'acquisition des fruits par le possesseur de bonne foi, dans la pétition d'hérédité, le principe est la restitution.

Les textes donnent une énumération assez complète des produits qui sont considérés comme fruits venant accroître l'hérédité. La loi 25, 20, *h. t.*, mentionne le croît des troupeaux et la loi 26 y ajoute les animaux nés des petits eux-mêmes, c'est-à-dire les fruits des fruits. La restitution comprend les fruits des choses dont le défunt était propriétaire et de celles qui lui avaient été remises en gage (au moins selon l'avis de Gaius et Ulpien, 41, 1, *h. t.*), et généralement tous les fruits perçus, « quand même il serait évident que le demandeur ne les eût pas recueillis (1) » (56, *h. t.*). Cette décision inspirée par l'équité a pour but d'empêcher le possesseur de s'enrichir sans cause aux dépens d'autrui ; la même préoccupation a dicté la loi 52, qui l'oblige à rendre tous les gains qu'il a réalisés à l'occasion de l'hérédité, quand même leur cause ne serait pas conforme à la stricte honnêteté. Ulpien, en donnant une solution identique dans la loi 27, 1, *h. t.*, l'appuie sur un motif extraordinaire :« Le possesseur, dit-il, doit restituer les loyers qu'il a perçus en louant un immeuble héréditaire pour y établir une maison de débauches, parce que souvent on voit des industries de ce genre s'exercer dans des maisons appartenant aux gens les plus honnêtes, » Avec la loi 29, *h. t.*, nous ajouterons, à la liste des fruits à restituer, les redevances payées par les colons, le produit du travail des esclaves, le fret des

---

(1) Nous ferons observer que cette loi écarte formelle-ment la considération de la personne du demandeur pour apprécier les restitutions à faire par le défendeur ; cette précaution ne serait-elle pas inspirée au jurisconsulte par le désir de soustraire la pétition d'hérédité à la règle que nous avons cru devoir formuler dans la revendication, et qui consiste à estimer les fruits négligés, en prenant pour base la possibilité de leur perception par le demandeur ? Le rapprochement est possible, nous ne le faisons pas sans hésitation.

navires, le prix des transports par terre effectués
à l'aide des bêtes de somme.

A côté des fruits, les textes mentionnent les produits ; la loi 27 pr., *h. t.*, vise spécialement le part
des esclaves, mais sa décision doit être généralisé
et étendue aux autres produits. Elle établit entre
eux et les fruits une assimilation complète, et les
déclare restituables dans le cas seulement où le
défendeur les possède encore, ou a cessé par dol
de les posséder, depuis la demande ; à l'inverse,
les produits seront acquis définitivement au possesseur lorsqu'il aura cessé de les détenir sans
avoir retiré de leur possession et conservé aucun
enrichissement. Les textes appliquent le même
principe aux choses héréditaires elles-mêmes, le
sénatus-consulte emploie les expressions les plus
générales : *usque eo... quo locupletiores ex ea re facti
essent* (*condemnandos*). L'enrichissement est la
mesure de toutes les restitutions.

Il est possible que le défendeur à la pétition
d'hérédité ait entre les mains des choses acquises
avec les deniers héréditaires ou le prix de biens
aliénés ; devra-t-il en restituer les fruits ? Il faut
distinguer deux hypothèses : si l'acquisition a été
faite dans l'intérêt exclusif du possesseur, les
fruits lui appartiennent comme la chose elle-même,
il doit seulement le prix dont il s'est enrichi en
payant avec les deniers de l'hérédité (20, **1**, *h. t.*) ;
si elle a été faite pour le compte de celle-ci, le

possesseur a, par exemple, acheté un esclave pour cultiver un immeuble héréditaire, cet esclave doit être restitué, il est compris dans l'universalité, il ne paraît pas douteux que les fruits, les *operæ servi* en fassent également partie.

Puisque l'enrichissement est le criterium général des restitutions à faire par le possesseur d'une hérédité, nous devons examiner comment les textes l'apprécient pour appliquer leurs décisions aux fruits ; ils n'en donnent pas une définition positive et se bornent à nous apprendre dans quels cas il y a consommation sans profit. Nous citerons d'abord la loi 25, 16, *h. t.*, qui pose la question suivante : dans quelle mesure doit-on considérer comme s'étant enrichi le possesseur qui a augmenté ses dépenses habituelles *contemplatione hereditatis* ? Ce texte semble, par l'hypothèse qu'il prévoit, s'occuper principalement des fruits. Cette supposition prend tous les caractères d'une évidence, si l'on réfléchit que les dépenses ordinaires sont en général prélevées sur les revenus, c'est-à-dire sur les fruits. Il contient une distinction très rationnelle entre les dépenses qu'aurait faites le possesseur en ne changeant rien à ses habitudes, et celles qu'il a été conduit à faire par l'augmentation de fortune provenant de l'hérédité ; celles-ci ont pu amoindrir le patrimoine laissé par le défunt, elles n'ont pas augmenté celui du possesseur ; celles-là, *sumptus statuti,* auraient été payées nécessairement avec les deniers du possesseur, il les a payées avec les revenus héréditaires et a économisé d'autant les siens, il s'est enrichi et doit compte du profit qu'il a réalisé : *Et verius est ut ex suo patrimonio decedant ea quæ etsi non heres fuisset, erogasset.* Dans l'hypothèse précédente, le possesseur a employé les fruits de l'hérédité à augmenter son bien-être ; peut-être les a-t-il dissipés, perdus ou donnés, il n'en sera pas plus riche, il n'est pas tenu de les rendre (25, 11, *h. t.*) ; toutefois, dans le cas où il a donné une chose héréditaire, s'il reçoit du donataire quelque valeur en échange, il y a profit sujet à restitution.

Nous signalons en passant une disposition assez remarquable de la loi 22, *h. t.* : une chose héréditaire a été vendue par le possesseur, puis rachetée par lui, de telle sorte qu'il a entre les mains au moment où l'action est intentée la chose et le prix, il devra restituer l'objet, et le bénéfice qu'il a réalisé en le rachetant pour un prix inférieur. Cette décision peut s'appliquer en notre matière lorsque le possesseur aura vendu et racheté des fruits.

La doctrine des textes peut donc se résumer en ces termes : il y a enrichissement du possesseur toutes les fois que la jouissance de l'hérédité lui procure un accroissement ou une économie de son patrimoine personnel. Il résulte de ce principe

que la responsabilité du possesseur de bonne foi ne
s'étendra jamais aux fruits négligés qui ne peuvent évidemment lui procurer aucun bénéfice.

Nous avons vu comment les jurisconsultes apprécient l'enrichissement, il est moins facile d'établir quelle période de l'instance le juge devait
considérer pour faire cette estimation. A ne con-
sulter que les termes du sénatus-consulte, la
question ne paraît point douteuse : *Ut post accep-
tum judicium id actori præstetur, quod habiturus
esset si eo tempore quo petit, restituta esset hereditas*
(48, *h. t.*). La sentence doit placer le demandeur
dans la situation où il serait si le jugement eût
été rendu à l'époque de la *litis contestatio*, c'est
donc à ce moment que se reportera le juge pour
fixer le montant des restitutions et évaluer l'enrichissement du défendeur. Paul, sans contester
l'exactitude de cette solution, la considère comme
trop rigoureuse dans les hypothèses particulières
où, pendant la durée de l'instance, des esclaves
ou des troupeaux de l'hérédité ont péri par cas
fortuit. Proculus appliquait à la lettre le sénatus-
consulte dans les revendications spéciales ; Cassius
était d'un avis opposé ; Paul donne raison à Proculus dans le cas où le possesseur est de mauvaise foi, et à Cassius dans le cas où il est de
bonne foi ; parce que, dit-il, le possesseur de
bonne foi ne doit pas être placé dans l'alternative
de répondre des cas fortuits, ou d'abandonner

7

sa défense s'il veut échapper à cette responsabilité; il faut, dans le système de Paul et de Cassius,
que l'enrichissement du possesseur existe encore
à l'époque de la sentence pour qu'il soit sujet à
restitution (36, 4, *h. t.*). Il faut reconnaître que
la décision de Paul est inspirée par une considération d'équité d'une valeur incontestable. Le
jurisconsulte veut que le juge apprécie l'enrichissement du possesseur de bonne foi lors du jugement, parce que la *litis contestatio* n'a pas eu pour
effet de le constituer en demeure; il avait des
motifs sérieux de se croire héritier et de repousser
toute prétention contraire, il serait excessif de
lui faire supporter les cas fortuits qui viennent
au cours du procès anéantir les profits antérieurs.
Mais, l'enrichissement peut disparaître sans qu'il
survienne un cas fortuit; le possesseur a pu
donner pendant l'instance les fruits de l'hérédité
qu'il n'avait point dépensés auparavant. Dans ce
cas, la raison d'équité ne trouve plus son application, le possesseur n'est plus dans l'alternative
de subir une perte ou de renoncer à sa défense;
n'est-il pas juste qu'il tienne compte de la demande et n'agisse pas comme s'il pouvait croire
son droit inattaquable? Ce motif l'a fait assimiler
au possesseur de mauvaise foi pour les fruits
postérieurs à la *litis contestatio*; il nous conduit à
décider que le possesseur de bonne foi ne pourra
pas faire disparaître avant la sentence les fruits

qu'il avait encore au début du procès, sans en-
courir aucune responsabilité. Sans doute il paraît
dur d'imposer au défendeur de bonne foi de restituer dans cette mesure les économies qu'il avait
faites ; cette rigueur est l'inconvénient principal
du système adopté par le sénatus-consulte Juventien, et non pas une conséquence de la théorie que
nous venons d'exposer. Nous reconnaissons donc
à la décision de Paul un caractère exceptionnel
en limitant son application au cas fortuit : c'est
bien l'hypothèse de la loi 40, et la seule où le
motif indiqué par le jurisconsulte ait une valeur
certaine.

En définitive nous appliquons le principe in-
contesté : le demandeur qui triomphe dans une
action réelle, doit obtenir les mêmes avantages
que si le jugement eût été prononcé au moment de
la *litis contestatio*. Paul reconnaît lui-même que ce
principe était écrit dans le sénatusconsulte (40,
h. t.), il admet une exception qui paraît avoir définitivement prévalu, en déclarant que le possesseur de bonne foi ne répond pas des cas fortuits
postérieurs à la demande. La loi 36, 4, *h. t.*,
érige l'exception en règle générale ; Paul y déclare que l'enrichissement du possesseur doit être
apprécié à l'époque du jugement. Sans reprocher
au jurisconsulte, comme le fait Doneau (1), d'avoir

(1) Doneau, *Opera omnia*, p. 710.

oublié tous les principes, nous croyons plus conforme aux règles générales des actions réelles et à l'équité de placer cette évaluation à l'époque de la *litis contestatio*, et nous concluons ainsi : Le possesseur d'une hérédité acquiert les fruits perçus avant la demande, qu'il a consommés en nature ou en valeur, sans avoir retiré de leur usage un profit encore existant au début du procès.

Après la *litis contestatio*, le possesseur de bonne foi est traité comme le *prædo* (31, 3, *h. t.*), tous les fruits recueillis depuis cette époque sont restitués au demandeur, et *non solum quos perceperunt (possessores) sed etiam quos percipere poterant* (1, 1, Code, III, XXXI).

Des intérêts. — Plusieurs textes soumettent les intérêts aux mêmes règles que les fruits. Nous distinguerons les sommes que le possesseur a trouvées dans l'hérédité et celles qu'il a obtenues par la vente des biens héréditaires, en envisageant successivement les droits du possesseur de bonne foi avant et après la *litis contestatio*.

Avant la « litis contestatio ». — A l'égard des sommes trouvées dans la masse héréditaire, le possesseur de bonne foi est dans la même situation qu'à l'égard des autres biens ; nous lui appliquons le principe du sénatus-consulte, la responsabilité limitée à l'enrichissement ; a-t-il prêté les capitaux, retiré et conservé quelque

profit des intérêts perçus, il doit le restituer; les
a-t-il laissés improductifs, il ne doit pas les intérêts, de même qu'il n'est pas responsable des
fruits qu'il a négligé de percevoir (30, *h. t.*) (1).
Papinien nous offre une application de cette règle,
en dispensant le possesseur de payer les intérêts
des sommes qui avaient été confiées au défunt à
titre de dépôt, et sont comprises dans l'hérédité
(20 , 14, *h. t.*); le texte paraît général, mais, si
on le rapproche d'un autre fragment tiré du
même ouvrage de Papinien (62, pr. *De rei vind.*),
il n'est pas douteux qu'on doive restreindre sa
décision aux sommes déposées (2). Nous annon-
cions une application de notre principe, elle est
évidente; si le possesseur ne doit pas les intérêts
des sommes déposées, c'est parce qu'il ne pouvait pas et même ne devait pas les percevoir.

Si le possesseur a aliéné des biens et conservé le prix, il n'en doit jamais les intérêts, le
sénatus-consulte est formel. *Hi qui se heredes esse
existimant redactæ ex pretio rerum venditarum pecuniæ usuras non esse exigendas* (20, 6, *h. t.*); le
§ 17 de la même loi commente le texte précédent
et déclare que, si le possesseur n'a pas touché le
prix de vente, il sera valablement libéré en abandonnant l'action. Cette décision paraît illogique,
si on la compare à celle de la loi 30 précitée, elle

(1) **L. 1, 1,** Code, *De hered. pet.*
(2) **M.** de Savigny, t. **VI,** p. 155.

se présente comme une faveur inspirée par la considération de la bonne foi du possesseur. Elle peut fournir un argument aux auteurs qui envisagent les intérêts comme étant de droit exceptionnel à Rome; si, en effet, au point de vue romain, l'argent n'est pas destiné naturellement à produire des intérêts, il n'est pas surprenant que le possesseur de bonne foi soit dispensé de payer ceux du prix des biens héréditaires qu'il a vendus.

Après la *litis contestatio*. — Le possesseur de bonne foi doit les intérêts des sommes provenant d'une aliénation antérieure, *tam fructus... quam usuras pretii rerum ante litis contestationem venditarum ex die contestationis computandas* (1, 1, Code *De her. pet.*) (20, 11. 15. 16 D. *De her. pet.*); il doit même les intérêts des fruits perçus avant la *litis contestatio*, qui ont augmenté l'actif héréditaire (51, 1, *h. t.*). Les textes ne disent point quelle est la situation du possesseur de bonne foi à l'égard des sommes trouvées dans l'hérédité, nous ne voyons aucun motif d'admettre en cette hypothèse une règle différente, le possesseur sera toujours blâmable de laisser les capitaux sans emploi pendant la durée du litige, puisque la demande l'avertit qu'ils peuvent appartenir à autrui.

Des impenses. — A côté des restitutions qu'il doit accomplir, le possesseur a droit à certaines indemnités. Il peut d'abord réclamer les dépen-

ses nécessaires, qui ont eu pour objet la conservation des choses héréditaires, et la production
des fruits même dans le cas où la récolte a manqué (36, 5, *h. t.*). Il a pu faire également des dépenses utiles qui ont produit une plus-value, ou
même des dépenses de pur agrément; obligé de
rendre compte de son enrichissement, il doit à
l'inverse obtenir indemnité de tous les frais qui
ont diminué son émolument (38 et 39, 1, *h. t.*).
La compensation des fruits à restituer et des impenses rentre dans l'office du juge, l'exception de
dol n'est pas nécessaire: *Id officio judicis continebi-
tur ; nec exceptio doli mali desideratur* (l. 38 précitée).

SECTION II

DU POSSESSEUR DE MAUVAISE FOI

Le possesseur de mauvaise foi n'acquiert pas
les fruits, *prœdo fructus suos non facit, sed augent
hereditatem, eorum quoque fructus prœstabit* (40, 2,
h. t.).

Le possesseur de mauvaise foi est celui qui
s'est emparé sciemment d'une hérédité dévolue à
un autre, *qui sciens ad se hereditatem non pertinere
distraxit* (20, 6, *h. t.*). Ulpien (25, 5, *eod.*) comprend dans la même catégorie ceux qui, ayant eu
à l'origine un motif légitime de commencer à
posséder l'hérédité, ont plus tard acquis la con-

viction qu'ils n'avaient aucun droit; l'erreur de
droit suffit, nous l'avons dit, pour constituer la
bonne foi. Le possesseur de bonne foi est traité
comme *prædo* à partir de la *litis contestatio* d'après
le sénatus-consulte, et même depuis que la réclamation a été formulée *post motam controversiam*
d'après Ulpien (25, 7, *h. t.*).

Le possesseur de mauvaise foi restitue les fruits
qu'il a perçus et ceux qu'il a négligé de recueillir
(25, 4, *h. t.*), nous renvoyons sur ce point aux
explications précédemment données. Il n'y a pas
à distinguer les fruits antérieurs à la *litis contestatio* ou postérieurs, tous sont également restituables. Nous avons déjà dit que l'obligation de
payer la valeur des fruits négligés fut une innovation du sénatus-consulte Juventien, et que la
restitution au double imposée au *prœdo* par les
constitutions fut ramenée au simple par Justinien.

Des intérêts. — Le possesseur de mauvaise foi
doit les intérêts des sommes qu'il a trouvées dans
l'hérédité, lorsqu'il les a perçus ; on peut opposer à cette décision la loi 20, 14, *h. t.*, qui semble admettre que le possesseur ne doit jamais les
intérêts. Ce texte n'a pas, croyons-nous, une
portée aussi étendue, nous en trouvons la preuve
dans les mots : *si non attingat,* que l'on peut traduire ainsi : le possesseur ne doit jamais les intérêts s'il conserve les capitaux sans y toucher,

c'est-à-dire, sans en faire usage en les prêtant.
Notre interprétation est en conformité absolue
avec le système du sénatus-consulte Juventien,
dont la pensée dominante a été d'enlever tout profit au possesseur : *Post senatusconsultum, omne lu-
crum auferendum esse tam bonæ fidei possessori, quam
prædoni, dicendum est*(28, *De hered. pet.*). Nous dirons donc que le possesseur de mauvaise foi restituera les intérêts qu'il a touchés avant la *litis contestatio*, mais il n'est point tenu de ceux qu'il aurait
pu percevoir(1). On peut citer dans ce sens la loi
62 pr. D. *De rei vind.*; elle fait une distinction
entre les intérêts et le fret d'un navire : le possesseur doit restituer le fret qu'il pouvait percevoir, et le texte ajoute qu'il n'y a pas à tirer argument contraire de ce que le possesseur d'une
hérédité ne doit pas les intérêts d'une somme
déposée. Nous préférons chercher un argument
par analogie dans les textes qui tranchent implicitement la question pour les sommes provenant
de l'aliénation de choses héréditaires (20, 12 et
16, *h. t.*). Ils imposent le paiement des intérêts
à partir de la *denuntiatio, post controversiam motam*,
il n'en est pas question pour l'époque antérieure;
cela ne peut nous surprendre, la demande ayant
pour effet de mettre le possesseur de mauvaise foi
en demeure, il était logique qu'elle aggravât sa

(1) Cujas, t. III, col. 511.

situation. La loi 1, 1, Code, *De hered. pet.* paraît
assimiler complètement les intérêts et les fruits
après la *litis contestatio* et consacrer l'obligation
aux intérêts négligés, *tam fructus quos percipere
poterant, quam usuras pretii rerum ante litis contestationem venditarum, ex die contestationis computandas...*

Nous résumons ainsi la théorie que nous venons d'exposer : le possesseur de mauvaise foi
restitue les intérêts qu'il a touchés avant la *litis
contestatio*, à compter de ce moment il doit en outre
ceux qu'il a pu percevoir.

Des impenses. — La situation du possesseur de
mauvaise foi est meilleure dans la pétition d'hérédité que dans la revendication ; il a droit à une
indemnité pour les dépenses nécessaires, qu'elles
aient eu pour but la conservation de la chose ou
la production des fruits (36, 5, *h. t.*) ; à la différence du possesseur de bonne foi, il ne peut pas
réclamer les frais de culture lorsque la récolte n'a
pas réussi (37, *h. t.*). Il a droit également aux
impenses utiles dans la mesure de la plus-value,
et si cette plus-value existe encore à l'époque du
procès ; cette condition résulte clairement de la
loi 38, où nous lisons que le possesseur de bonne
foi a droit aux impenses utiles même si la chose
n'existe plus, et le possesseur de mauvaise foi
dans le cas seulement où la chose *est* meilleure,
c'est-à-dire, si elle existe encore avec les amélio-

rations accomplies. Quant aux dépenses voluptuaires, on lui reconnaît le droit d'enlever ce qu'il pourra sans détériorer la chose; pour le surplus il n'a point de réclamations à élever, il ne devait pas les faire; *nam prædoni probe dicitur, non debuisse in alienam rem supervacuas impensas facere.*

CHAPITRE III

DES RESTITUTIONS DE FRUITS DANS LES ACTIONS PERSONNELLES

Nous avons recherché dans quelle mesure le défendeur à une action réelle, qui est toujours un possesseur (ou traité comme tel), doit restituer les fruits et quels sont ceux qu'il acquiert; nous devons examiner sommairement comment le juge d'une action personnelle appréciera les restitutions imposées au défendeur, dans quel cas et dans quelles limites il le condamnera à donner les fruits avec la chose.

Le défendeur à une action *in personam* est poursuivi, non point à cause de la détention matérielle d'une chose, mais bien en raison d'une obligation dont il est tenu personnellement, soit *ex contractu*, soit *ex delicto*. Il peut être possesseur (1),

---

(1) Il est ainsi pour le vendeur défendeur à l'action *ex empto* qui a conservé la possession de la chose en vertu d'un *constitut* possessoire.

le plus souvent il sera propriétaire de la chose
due. L'étude des actions personnelles ne rentre
donc pas pleinement dans notre sujet; elle le
complète. Nous avons énoncé au début le droit
absolu du propriétaire sur les fruits de sa chose;
nous plaçons ici les restrictions qu'il peut subir,
sans que la possession ait été séparée de la propriété. En outre, il n'est point sans intérêt d'opposer les pouvoirs du juge dans les actions *in
personam* à ceux qui lui appartiennent dans les
actions *in rem;* d'autant plus que, dans le développement historique de ces pouvoirs, la théorie
des actions réelles paraît avoir exercé une incontestable influence sur la réglementation des résultats de l'action personnelle.

Le texte principal en cette matière est la loi
38 *De usuris,* qui distingue d'après leur objet
deux catégories d'actions : ou bien le demandeur
réclame une chose qui lui a déjà appartenu, il
agit en restitution; ou bien, il prétend obtenir
une chose qu'il n'a jamais eue.

I. *Actions en restitution.* — Dans les actions en
restitution, l'*officium judicis* est particulièrement
étendu et se rapproche beaucoup des résultats
des actions réelles. En principe, toutes ces actions,
qu'elles soient de droit strict ou de bonne foi,
comprennent la chose et les fruits; cette règle est
tellement générale, que plusieurs textes nous
apprennent que le mot *restituere* comprenait tou-

jours les fruits : *Cum verbum restituas lege invenitur et si non specialiter de fructibus additum est tamen etiam fructus sunt restituendi* (171, 1, *De reg. jur.*) (38, 4, *De usur.*)

Les pouvoirs du juge ont une ampleur remarquable dans les actions personnelles arbitraires. Ainsi, dans l'action prétorienne *de dolo*, la restitution arbitrée par le juge, et qui offre au défendeur le moyen d'éviter les conséquences rigoureuses de la condamnation, se mesure à l'intérêt du demandeur. S'agit-il d'un fonds aliéné à la suite de manœuvres frauduleuses, le défendeur devra retransférer la propriété au demandeur, et l'indemniser de tout le préjudice qu'il a subi ; il restitue tous les fruits sans distinction, il [sera toujours défendeur de mauvaise foi, puisque l'action de dol n'est jamais délivrée que contre l'auteur de manœuvres frauduleuses.

Dans l'action *quod metus causa* on doit, au contraire, établir une distinction entre le défendeur de bonne foi et celui de mauvaise foi, puisqu'elle peut être dirigée contre le tiers qui a profité de la violence sans l'avoir commise. L'auteur de la violence, défendeur de mauvaise foi, doit réparation intégrale au demandeur ; il restituera avec la chose les fruits qu'il a perçus, et même ceux qu'il a négligé de percevoir (12 pr. *Quod met. caus.*). Le tiers de bonne foi qui a profité de l'acte déterminé par la crainte, est responsable dans la limite de son enrichissement, qui est la seule cause de la poursuite; il est dans une situation analogue à celle du possesseur de bonne foi d'une hérédité d'après le sénatus-consulte Juventien.

Dans l'action Paulienne, l'analogie avec les actions réelles est plus complète encore. Non seulement le demandeur obtient tous les fruits perçus ou négligés (10, §§ 19 et 22 *Quæ in fr. cred.*), mais le défendeur peut réclamer les impenses qu'il a faites soit pour l'entretien de la chose, soit pour la production des fruits (10, § 20, *eod.*).

Dans l'action *rei uxoriæ*, action de bonne foi, qui pouvait être délivrée dans la forme arbitraire, nous trouvons une théorie un peu différente. Le mari acquiert tous les fruits perçus pendant le mariage, il n'a de restitution à faire que dans le cas où il a déjà fait toutes les récoltes au moment où se produit la dissolution ; dans ce cas, il doit les fruits en proportion du temps qui reste à courir avant la fin de l'année commencée.

Nous avons dit que les fruits étaient toujours compris dans les actions en restitution, même de droit strict; l'exemple le plus remarquable est sans contredit la *condictio indebiti*. Il faut encore distinguer les possesseurs de bonne et de mauvaise foi. Nous lisons, en effet, dans la loi 65, 8, *De cond. ind.*, que celui qui a reçu de bonne foi un esclave et qui l'affranchit, est tenu seulement d'abandonner son droit aux *operæ* et à la succession de l'affranchi ses *jura patronatus*, c'est-à-dire, en définitive, son enrichissement ; au contraire, l'*accipiens* de mauvaise foi doit payer le prix de l'esclave. Par conséquent, l'*accipiens* de bonne foi restitue le profit qu'il a retiré du paiement indu, celui de mauvaise foi doit rendre le *solvens* complètement indemne, et remettre les choses dans l'état où elles seraient s'il n'y avait jamais eu paiement. Dans cette action, comme dans la revendication et la pétition d'hérédité, le défendeur pourra réclamer ses impenses : *Ei qui indebitum repetit et fructus et partus restitui debent, deducta impensa* (65, 5, *h. t.*). La déduction des impenses, naturelle dans une action de bonne foi, paraît singulière dans une *condictio stricti juris*, où les pouvoirs du juge sont étroitement limités à l'objet de la demande ; le défendeur devait sans doute obtenir une exception de dol. Quoi qu'il en soit, le droit aux impenses n'est pas douteux, son étendue demeure incertaine. Selon toute vraisemblance, le possesseur de mauvaise foi pouvait réclamer les dépenses nécessaires, et les dépenses utiles, dans la mesure où la plus-value produite existait encore à l'époque de la demande ; le demandeur ne doit pas s'enrichir sans cause aux dépens du défendeur même de mauvaise foi, tout ce qu'il peut obtenir, c'est une indemnité pleine et entière. Quant au défendeur de bonne foi, il pourra se faire rembourser les dépenses nécessaires, utiles ou simplement voluptuaires, si on lui applique sans restriction le principe qu'il ne doit que son enrichissement.

De même, lorsqu'une chose a été donnée en dot, si le mariage ne s'accomplit pas, le constituant peut, au moyen d'une *condictio causa data causa non secuta*, répéter la chose et les fruits (7, 1, D. XII, IV) (38, 1, *De usur.*). Si une personne qui a fait une donation à cause de mort revient à la santé et réclame la chose donnée, elle obtiendra, par le même moyen, la restitution des fruits et en général de tout ce qui est venu accroître la chose : *fructus et partus et quod adcrevit rei donatæ repetere potest* (12 D. XII, IV).

II. *Actions dans lesquelles le demandeur réclame une chose qui ne lui a jamais appartenu antérieurement.* — Il faut distinguer suivant que l'action est de bonne foi ou de droit strict. Si l'action est de bonne foi, le possesseur fait les fruits siens tant qu'il n'est pas en demeure (38, §§ 8, 9, 14, 15, *De usur.*); il restitue ceux qu'il a perçus *ex mora ;* la loi 32, 2, *De usur.* est formelle pour les intérêts et la loi 38, 15, *eod.*, nous autorise à appliquer la même règle aux fruits. L'action est-elle de droit strict, le possesseur acquiert les fruits malgré la demeure (38, 7, *De usur.*), et peut-être à l'origine malgré la *litis contestatio*. Il est certain dans le dernier état du droit qu'à partir de la *litis contes-*

tatio la *causa* doit être comprise dans l'obligation du défendeur, mais cette règle demeura longtemps étrangère aux actions personnelles. Admise d'abord dans les actions réelles, elle fut sans doute appliquée aux actions personnelles arbitraires et de bonne foi avant d'être étendue aux actions de droit strict. L'ordre de ces réformes nous est indiqué par Papinien dans la loi 3, 1, *De usur.*, où nous lisons : *In his quoque judiciis quæ non sunt arbitraria nec bonæ fidei post litem contestatam actori causa præstanda est* (2 et 31, *eod.*). Ce fut la consécration de la doctrine des Sabiniens (38, 7, *eod.*) et un échec aux principes du vieux droit romain que défendaient les Proculéiens.

L'équité fit admettre la restitution des fruits dans l'action *ex stipulatu incerti* (4 *De usur.* — 52, 1, *De verb. oblig.*). Ce fut le dernier état du droit ; pour voir le progrès accompli, il suffit de se reporter à la loi 3, 1, D. XIX, I, où Pomponius, dans l'hypothèse d'une stipulation de la *vacua possessio* entre un vendeur et un acheteur, décide que les fruits ne seront pas compris dans l'action *ex stipulatu.*

Sous la même influence, l'action *ex testamento* fut assimilée aux actions de bonne foi (34 *De usur.*), et nous savons que dans ces actions les fruits sont dus à compter de la demeure ; ce fut une conséquence de la confusion du legs et du fidéicommis, et une application de l'idée générale

8

que, la formule du legs n'étant point l'œuvre des
parties, on doit l'interpréter avec beaucoup plus
de largeur que celle de la stipulation, *in testamen-
tis plenius voluntates testantium interpretantur* (12 D.
L, XVII). L'exécution du fidéicommis était assu-
rée par une *persecutio extra ordinem*, c'est-à-dire
sans l'intervention d'un juge, et le magistrat avait
pleins pouvoirs pour statuer sur les fruits depuis
la mise en demeure du grevé, comme sur le principal (26 *De leg*. III). Le légataire, dans le cas
où le legs n'est pas translatif de propriété, est
obligé d'intenter une *condictio*, et il ne peut obtenir
les fruits par cette voie qu'à compter du jour de la
litis contestatio. Ces différences du legs et du fidéicommis n'existent plus sous Justinien, et le changement se laisse déjà entrevoir dans une opinion
de Julien rapportée par Gaius. com. II, § 280.
Nous trouvons le droit de Justinien dans les lois
1 et 2 au Code, VI, XLVII, qui reconnaissent au
légataire les fruits et intérêts depuis la *litis contestatio;* au contraire, la loi 3 pr. *De usur*. fixe la
mora comme point de départ de l'obligation de
restituer les fruits et autres accessoires. Le rapprochement de ces textes ne doit point faire supposer l'existence d'une controverse sur l'étendue
de la restitution ; la *mora* est la règle générale,
la *litis contestatio*, l'exception. En effet, dans la
loi précitée, Papinien, parlant d'abord de la *litis
contestatio*, ajoute aussitôt qu'elle est le point de

départ de la restitution des fruits à défaut de
mora antérieure, c'est-à-dire, dans des circonstances exceptionnelles, *tametsi non facile evenire
possit, ut mora non præcedente perveniatur ad judi-
cem.* Ces textes ont pour but commun d'écarter
une troisième solution, qui consisterait à imposer
la restitution des fruits de la chose léguée à
compter du décès ; la loi 4, Code, VI, XLVII, ne
laisse aucun doute à cet égard : *In legatis et fidei-
commissis fructus post litis contestationem non ex die
mortis consequuntur...*

Le défendeur à une action personnelle doit-il
les intérêts suivant les mêmes règles que les
fruits ? Dans les actions de bonne foi, le demandeur obtient les intérêts depuis la *mora* du débiteur, et même avant toute mise en demeure si
l'équité l'exige. Dans les actions de droit strict,
les intérêts ne sont jamais dus qu'autant qu'ils
ont été stipulés ; la *condictio indebiti* nous offre un
exemple de la différence qui sépare les fruits des
intérêts ; appliquée à un immeuble indûment
livré, elle comprend les fruits ; appliquée à une
somme d'argent, elle ne comprendra jamais les
intérêts.

DROIT FRANÇAIS

LA COUTUME DE NIVERNAIS
ÉTUDIÉE DANS SES DIFFÉRENCES AVEC LE DROIT COMMUN COUTUMIER

INTRODUCTION

Au moment où la Révolution vint bouleverser de fond en comble les institutions anciennes, et entraîner toutes les parties du territoire dans un mouvement irrésistible vers l'unité, le Nivernais n'avait point encore fait retour à la couronne de France. Distrait de la Bourgogne au neuvième siècle, érigé en comté en 987, en duché en 1538, il devint en 1659 la propriété du cardinal Mazarin, qui l'acheta de Charles III de Gonzague et le légua à son neveu Philippe Mancini Mazarini. Le dernier duc de Nevers, un Mancini, fut dépossédé en 1789.

Ce pays n'eut pas cependant une destinée politique bien différente de celle des autres provinces, il était soumis comme elles à l'autorité royale. Dès 1534, la comtesse de Nivernais, Marie d'Albret reconnaissait sa dépendance ; elle écrivait à son « conseiller maître » en le chargeant de faire procéder à la rédaction de la coutume, que le roi l'avait « commise et députée pour assembler ou faire assembler les gens des trois états de son pays et comté ». L'influence du pouvoir royal dut se faire ressentir plus vivement encore dans les siècles suivants, et les derniers vestiges de l'indépendance nivernaise étaient depuis longtemps effacés à l'époque de la monarchie absolue. Mais, l'action du pouvoir royal était toute politique, le Nivernais avait pu la subir et conserver ses mœurs, ses habitudes, ses usages ; il était « régi par coutumes qui sont de « toute ancienneté distinctes et diverses des cou- « tumes des pays voisins ; qui montre bien que « de tout temps c'est une province et un peuple « de par soi n'ayant aucune dépendance des « pays et provinces voisines (1) ».

Il ne faudrait pas croire qu'il ait eu une coutume absolument originale. Placé par sa situation géographique sur les limites des deux contrées les plus opposées au point de vue du droit, les pays du nord et ceux du midi, il a naturellement subi leur double influence. Sa coutume exprime avec quelques autres le droit intéressant, mais un peu bâtard, du centre de la

(1) Guy Coquille, *Histoire du Nivernais*, édition de Bordeaux, p. 443.

France. Elle a conservé l'empreinte des lois romaines, notamment dans l'organisation des tutelles, mais elle se rattache intimement au droit coutumier. A côté des règles empruntées à ces deux législations, elle contient des dispositions qui lui sont propres, et même des institutions complètement inconnues des autres provinces. Nous la verrons plus d'une fois en relations étroites avec la coutume de Bourbonnais ; on pourrait, sans grande témérité, soutenir que l'une a servi de modèle à l'autre, les dates de leur rédaction nous autoriseraient à dire que la coutume de Bourbonnais fut le modèle, et celle de Nivernais la copie (1). Cette similitude n'est point de nature à nous surprendre ; le voisinage des deux pays, les rapports forcés de leurs habitants, leur communauté d'origine, ont eu leur écho naturel dans les usages et dans les mœurs. Nous aurons l'occasion de comparer les deux coutumes, souvent pour noter l'analogie de leurs dispositions, plus rarement pour signaler leur divergence.

La coutume de Nivernais a eu la bonne fortune d'avoir un commentateur célèbre, Guy Coquille. Né à Decize en 1523, il fit ses premières études au collège de Navarre; il partit ensuite

---

(1) La coutume de Bourbonnais a été rédigée en 1521 ; sa première rédaction, datant de 1493, est postérieure à l'ancienne coutume de Nivernais.

pour l'Italie, où il allait s'initier aux principes de
la science du droit. Il revint à Paris, fut clerc
pendant trois années chez son oncle maternel,
Guillaume Bourgoin, et enfin, suivit pendant
deux ans les cours de l'Université d'Orléans. Il
avait étudié sur place le droit romain, le droit
coutumier et le droit canonique, il était difficile
d'être préparé par des études plus complètes ;
elles auraient inspiré à un autre le désir légitime
d'acquérir une situation élevée dans la capitale
du royaume, Guy Coquille se retira dans son
pays. Il ne resta pas longtemps à Decize; en 1559,
après l'incendie qui détruisit sa ville natale, il
s'établit à Nevers, où il devenait bientôt premier
échevin, puis procureur fiscal sans avoir jamais
sollicité ces honneurs. Jurisconsulte érudit et
avocat excellent, il était souvent consulté même
de Paris.

Guy Coquille ne suivit pas la tendance de ses
contemporains à se servir du latin pour exposer
leurs théories juridiques, malgré sa connaissance
approfondie de cette langue, il préféra toujours
l'usage du français. Il a cependant sacrifié au
goût de l'époque pour la littérature romaine, en
composant d'innombrables vers latins; son bio-
graphe n'hésite pas à dire « qu'il n'est en Europe
personne de sa profession qui se puisse vanter
d'en avoir fait autant, ni d'avoir été tant inspiré. » Ses poésies sont oubliées, il avait des

titres plus sérieux à la célébrité : *le Traité des libertés de l'Église de France*, *l'Institution au droit français*, *les Commentaires de la coutume de Nivernais*, *les Questions et réponses sur les coutumes*.

Les études qu'il avait faites, en lui montrant les avantages d'une législation uniforme, comme le droit romain et le droit canonique, devaient rendre plus apparents à ses yeux les inconvénients de la variété infinie des coutumes, et lui faire désirer l'unification des lois civiles. Pénétré de la nécessité de ce travail, il disait dans sa question II : « En France sont plusieurs lois générales que chacune province particulièrement a rapportées en ses coutumes » ; il signalait ainsi l'existence d'un fonds commun dans le droit des coutumes, et, passant aussitôt de l'idée à sa mise à exécution, il émettait le vœu que le roi nommât des commissaires pour mettre en ordre les lois du royaume. L'*Institution au droit français* est conçue dans le même esprit.

En cherchant à établir les bases du droit commun coutumier, Guy Coquille se faisait l'interprète des idées d'unité qui avaient cours au seizième siècle, et dont le champion le plus ardent fut sans contredit Dumoulin. Dans un traité dont le titre indique assez l'objet, *De concordia et unione consuetudinum Franciæ*, Dumoulin s'efforce de montrer, par la comparaison des coutumes, que, malgré leur diversité, elles découlent des mêmes principes. Au commencement du siècle suivant, Loysel écrivait dans la même pensée ses Institutes coutumières. Ces auteurs annonçaient en la préparant l'œuvre d'unification que devaient commencer les grandes ordonnances, qui fut habilement continuée par Daguesseau, et terminée par les lois de la Révolution.

Cette préoccupation d'unité se retrouve à chaque pas dans les écrits du jurisconsulte nivernais, elle inspire souvent les solutions qu'il donne en commentant les articles de sa coutume. Il tranche toujours les difficultés créées par l'obscurité d'un texte, dans le sens du droit commun dont il cherche l'expression, soit dans les coutumes voisines, soit dans la coutume de Paris, « non pas, dit-il, que ladite ville de Paris ni le peuple d'icelle ait aucune supériorité sur nous ; mais, parce qu'en la ville de Paris est le parlement et y sont gens doctes de grand sens et expérience en grand nombre. » Quant au droit romain, il y recourt lorsque les coutumes ne lui offrent aucun moyen de sortir d'embarras ; il se plaît d'ailleurs à montrer son érudition en comparant les articles de la coutume aux lois romaines.

Bien loin de chercher dans ses commentaires à faire ressortir les particularités de la coutume de Nivernais, Guy Coquille tente plutôt de les effacer ; cette manière de procéder était utile pour son époque, elle ne sera pas la nôtre. Nous nous placerons à un point de vue entièrement opposé, en essayant de faire connaître les règles propres à notre coutume.

Notre but est de faire une étude de droit coutumier, non pas de présenter une édition de quelques textes avec leur commentaire; l'édition serait sans utilité et sans mérite après le travail de M. Dupin, et les commentaires seraient forcément un plagiat de ceux de Guy Coquille. Prenant comme point de comparaison les règles généralement admises dans les provinces du nord de la France, c'est-à-dire, les principes du droit commun coutumier, nous chercherons dans la coutume de Nivernais les dispositions qui paraissent déroger à ces principes.

PRÉLIMINAIRES

I. — *Rédaction de la coutume.*

Avant d'examiner la coutume elle-même, d'analyser ses dispositions les plus remarquables, nous devons indiquer dans quelles conditions fut opérée sa rédaction, à quelle époque fut adopté le texte qu'il est permis de considérer comme définitif.

La première rédaction officielle de la coutume de Nivernais, dont Guy Coquille parle à diverses reprises dans son commentaire, en la désignant

par le nom d'anciens cahiers, fut faite en 1490
par l'ordre de Jean de Bourgogne, comte de Nevers. Il n'est pas certain toutefois que cette rédaction fût due à l'initiative du comte Jean; nous
trouvons une raison d'en douter, dans les registres de la municipalité de Nevers, tenus par les
échevins de la ville, et qui contiennent les renseignements les plus curieux sur les principaux événements (1). Nous y voyons que le deuxième
compte de Rollet Perrot, de 1493 à 1494, porte
que la rédaction de la coutume fut faite par
« Mes Jean Tenon l'aîné, Pierre Mathé, etc.,
« suivant le commandement du roi, intimé par
« Durand de Bosbiat, lieutenant-général de Saint-
« Pierre-le-Moûtier, en vertu des lettres royales
« à lui adressantes et par lui signifiées aux éche-
« vins. » Elle aurait donc été ordonnée par
Charles VIII; l'intervention de ce prince n'est
pas certaine. On ne trouve dans le recueil des
ordonnances aucunes lettres patentes prescrivant
la rédaction des coutumes, avant une ordonnance
du 28 janvier 1493, rendue à Montils-les-Tours
« pour la réforme des coutumes locales en général
et plus particulièrement de celles de Lorris ».

(1) Nevers fut érigé en commune par une charte de 1231.
— L'analyse fort exacte de ces registres a été faite à la
veille de la Révolution par un homme éminent, Parmentier, dans l'inventaire des archives du duché de Nevers.
Le mérite de ce travail se trouve augmenté par la disparition de pièces nombreuses depuis la date de sa confec-
tion. Nous lui empruntons la citation ci-dessus.

Il n'est pas cependant invraisemblable qu'il en ait existé antérieurement à cette date ; Charles VIII paraît s'être occupé beaucoup de l'administration de la justice (1), et la rédaction des coutumes touche de bien près à sa bonne organisation.

Quoi qu'il en soit, ce travail n'eut pas le résultat heureux qu'en attendait son auteur, il ne mit pas fin aux incertitudes, aux procès, aux difficultés de toute nature, créés par l'absence d'un recueil officiel. La rédaction de 1490 n'obtint pas l'entière approbation des États du pays ; le clergé refusa d'adhérer au texte proposé par le comte de Nevers, rédigea de nouveaux cahiers, et soutint à Saint-Pierre-le-Moûtier un procès qui ne reçut jamais de solution. Une édition de cette première coutume, portant la date de 1503 (2), présente un indice des discussions soulevées ; l'éditeur annonce qu'elle contient « les neuf articles discordez et non enregistrez au coustumier cy-devant escript ».

En 1514, il y eut à Saint-Pierre-le-Moûtier un commencement de rédaction des coutumes du bailliage ; Guy Coquille le mentionne, en ajoutant

(1) Dès l'année 1490 (28 décembre), Charles VIII rendit à Moulins une ordonnance « sur le fait de la justice du pays de Languedoc ».

(2) Il existe une édition plus ancienne sans indication de date et une plus récente, de 1518, identique à celle de 1503 (*Bulletin de la société nivernaise des lettres, sciences et arts*, année 1886).

« qu'il n'est venu à effet et ne s'en trouve aucune conclusion ni cahier signé ». Il paraît y avoir eu encore une autre tentative de rédaction dont la date nous est inconnue, mais qui fut sans doute antérieure, et accomplie sous le règne de Charles VIII (1).

Tout était à refaire, les habitants du pays étaient comme par le passé dans une complète incertitude des usages établis, et la question la plus difficile à résoudre dans un procès était toujours de prouver l'existence d'une disposition formelle de la coutume ; les recherches et les enquêtes faites dans ce but étaient aussi coûteuses pour les plaideurs, que nuisibles à la prompte administration de la justice. Ces inconvénients avaient inspiré à Charles VII l'ordonnance d'avril 1453, où il dépeint en ces termes l'état du royaume : « Les parties en jugement proposent « et allèguent plusieurs usages stiles et coutumes « qui sont divers selon la diversité des pays et « les leur convient prouver, par quoy les procès « sont souventefois moult allongés et les parties « constituées en grands frais et dépens (car sou- « ventefois advient que les parties prennent « coustumes contraires en un même pays, et au- « cune fois les coutumes muent et varient à leur « appétit, dont grands dommages adviennent à

(1) V. lettres patentes du 30 août 1534.

« nos sujets). » Pour remédier à ces inconvénients, il ordonnait la rédaction de toutes les
coutumes. En Nivernais, les difficultés étaient
encore rendues plus grandes par l'existence de
trois recueils rédigés à des époques diverses auxquels font allusion les lettres patentes du 30 août
1534. François Ier s'exprimait ainsi : « Notre
« très chère et très amée cousine la comtesse de
« Nivernois et de Dreux nous a fait dire et re-
« montrer que feu notre cousin Jean comte de
« Nevers, d'Eu et de Retel, son ayeul, après plu-
« sieurs assemblées aurait fait rédiger et mettre
« par écrit les coutumes dudit pays de Niver-
« nois, et depuis, en vertu des lettres de com-
« mission de nos prédécesseurs de bonne mé-
« moire les rois Charles VIII et Louis XII,
« notre bailly de Saint-Pierre-le-Moûtier en au-
« rait fait certains cahiers tellement qu'audit
« pays il se trouve trois cahiers différents. » Ces
lettres patentes autorisaient Marie d'Albret, comtesse de Nevers, à assembler les trois États du
pays, pour procéder à une nouvelle rédaction de
la coutume. Cette rédaction était achevée le 24 novembre 1534, et la nouvelle coutume reçut la
sanction du Parlement le 21 juillet 1535. Elle fut
imprimée à la Charité en 1535 et à Paris en
1546 (1), elle est surtout connue par les diffé-

(1) *Bulletin de la société nivernaise* précité.

rentes éditions des œuvres de G. Coquille, dans lesquelles on la trouve accompagnée des remarquables commentaires du savant jurisconsulte nivernais. Il en est peu qui contiennent un nombre aussi considérable d'articles et embrassent autant de matières. Le texte de 1534 a plus de 600 articles divisés en 37 chapitres (1).

II. — *Territoire de la coutume.*

On trouve, dans les procès-verbaux de convocation et de comparution des membres des trois États, des indications précieuses pour établir l'étendue du territoire auquel s'appliquait la coutume.

Nous y voyons notamment que le lieutenant général du bailliage de Saint–Pierre-le-Moûtier protesta contre l'application de la coutume à son bailliage et soutint qu'il était indépendant du Nivernais ; il invoquait comme principal argument les cahiers de 1514, rédigés spécialement pour ce territoire, en vertu de lettres patentes du roi. Cette rédaction n'ayant jamais été achevée, l'assemblée des États refusa de reconnaître l'indépendance de Saint-Pierre-le-Moûtier, et ce pays fut déclaré sujet de la nouvelle coutume. G. Coquille, dans sa question IV, fait observer que la

(1) La coutume de Paris a 362 articles, celle d'Orléans 492, celle de Bourbonnais 555.

division du royaume en bailliages est tout à fait
indépendante du territoire des provinces, elle n'a
d'autre objet que de fixer le ressort d'une juridiction spéciale, aussi approuve-t-il la décision
des États. Il nous apprend, à cette occasion, que
Saint-Pierre-le-Moûtier fut une des premières
villes où le roi saint Louis établit un bailli avec
mission de connaître des cas royaux; ce bailliage
comprenait l'Auvergne, le Berry, le Bourbonnais, le Nivernais et Lorriz, c'est-à-dire l'Orléa-
nais.

De même, le représentant de la duchesse de
Longueville déclara que la terre de Château-Chinon et les fiefs qui en dépendent n'étaient point
du ressort du Nivernais ni soumis à la juridiction
du comté. Néanmoins, il prit part à la rédaction,
et la terre de Château-Chinon, bien que relevant
directement de la couronne, fut soumise, comme
pays enclavé, à la coutume de Nivernais.

Le pays de Donziois ne fut pas représenté à la
rédaction de 1534; réuni au Nivernais par un
mariage, en 1190, il en demeura séparé à la suite
d'un partage de 1525 à 1548. Il continua d'observer la coutume de 1490, et lorsqu'en 1561 ses
représentants furent convoqués à la rédaction de
la coutume d'Auxerre, ils refusèrent d'y prendre
part.

Les territoire de Vézelay et de Châtel-Censoir,
aujourd'hui compris dans le département de

l'Yonne, furent représentés à la rédaction de 1534 et soumis à la nouvelle coutume ; ils furent cependant appelés à Auxerre.

La ville de Cosne paraît avoir figuré sans protestation au nombre des pays représentés dans les États réunis à Auxerre pour rédiger la coutume de cette province (1).

La coutume de Nivernais était donc observée dans le territoire des villes suivantes : Nevers, Saint-Pierre-le-Moûtier, Decize, Cercy-la-Tour, Château-Chinon, Moulins-lez-Engilbert, Montreuillon, Châtillon-en-Bazois, Corbigny-lez-Saint-Léonard, Lormes, Clamecy, Vézelay, Châtel-Censoir, la Charité, Lurcy-le-Bourg, Montenoison, Prémery ; c'est-à-dire le département actuel de la Nièvre, moins la ville de Cosne, avec le territoire de Vézelay et Châtel-Censoir en plus.

III. — *Caractères généraux de la coutume.*

Tous les auteurs s'accordent à ranger la coutume de Nivernais parmi les plus rigoureuses, elle est aussi l'une des plus complètes et des plus générales (2).

Elle est avant tout essentiellement agricole ;

(1) Procès-verbaux de la coutume d'Auxerre.
(2) Dupin, *la Coutume de Nivernais*, introduction, p. vi.

G. Coquille remarquait déjà ce caractère (1) :
« Ce pays de Nivernais, disait-il, par sa consti-
« tution naturelle, est plus propre à nourriture
« de bétail qu'à aucun autre ménage rustique...
« Aussi n'y a-t-il province en France qui ait
« tant d'articles de coutume concernants le bé-
« tail et le ménage des champs qu'a notre cou-
« tume. » Le Nivernais a conservé ces caractères
qui tiennent à la nature même du sol, l'agricul-
ture s'y développe chaque jour, et ses efforts
constants se portent aujourd'hui vers l'élevage
du bétail, que l'on considérait déjà au seizième
siècle comme le meilleur moyen d'utiliser la fer-
tilité des campagnes.

Cette préoccupation se rencontre à chaque pas
dans les articles des cahiers de 1534; il nous suffira de citer comme preuve les chapitres : de blairie, des champarts et parties, des vignes, prés et
revivres, des prises de bêtes, des croîts et chap-
tels de bêtes, etc... La même idée nous apparaît
sous une forme plus vivante et aussi plus connue
dans les communautés agricoles. En réglemen-
tant ces associations, la coutume se borne à reproduire, sous forme de règles de droit, les usages répandus dans les campagnes, et qui avaient
dans les mœurs du pays des racines assez profondes pour résister à tous les événements, même

(1) *Questions et réponses sur les coutumes,* question 299.

à la plus violente des secousses politiques (1).
Dans l'ncienne condition des habitants du Nivernais, les communautés étaient un progrès véritable ; comme beaucoup d'innovations heureu-
ses, celle-ci fut inspirée par la nécessité. Attachés
au sol qu'ils cultivaient, serfs, colons, petits propriétaires voyaient le produit de leur travail absorbé par les redevances foncières de toute nature, et conservaient à peine les ressources les
plus indispensables pour vivre. Isolés, la misère
était leur partage, la terre se refusait à les nour-
rir faute de bras pour la cultiver, de capitaux
pour la rendre productive ; la situation des familles nombreuses était meilleure, la réunion des
efforts permettait une culture plus étendue et
mieux comprise ; la prospérité relative de ces
heureux foyers devait inspirer aux moins fortu-
nés le désir de les imiter. Sous cette influence,
on vit se former des associations, des groupes
de parents mettant en commun leur travail,
leurs biens, leurs tenures, vivant sous le même
toit et au même foyer. Les ménages ainsi grou-
pés vivaient mieux, supportaient plus facilement
toutes les charges de la terre et des personnes ;
on en vit même s'enrichir. L'intérêt des classes
laborieuses contribuait donc au succès des com-

---

(1) Il y avait encore une communauté agricole dans le
canton de Saint-Saulge (Nièvre), au milieu de ce siècle,
nous en parlerons plus loin.

munautés, un intérêt bien opposé, celui des propriétaires fonciers, concourait au même résultat. Il était avantageux pour les seigneurs de voir leurs terres cultivées par une communauté nombreuse et riche plutôt que par une famille restreinte et dépourvue de ressources : ils avaient la certitude de toucher leurs redevances, dont tous les associés étaient solidairement responsables. Les communautés devaient donc se développer d'autant plus rapidement dans un pays, que l'autorité féodale y était plus rigoureuse, et elle ne le fut nulle part davantage que dans le Nivernais. Ces remarques suffisent à expliquer la place considérable faite aux communautés dans l'ancienne coutume, et comment la force de l'habitude, jointe aux avantages de ce régime, en a fait parvenir jusqu'à notre époque de curieux exemples. Nous aurons à parler plus longuement des sociétés taisibles, les indications précédentes ont eu pour objet d'établir le caractère essentiellement agricole de la coutume nivernaise.

Comme pays agricole, le Nivernais aurait dû être peuplé et riche ; cependant, les habitants des campagnes peu nombreux, s'il faut en croire Guy Coquille (1), étaient sous la domination des seigneurs, et nous trouvons dans les articles de la coutume des preuves irrécusables de la ri-

---

(1) *Questions et réponses sur les coutumes*, question 299.

gueur de cette autorité. Le chapitre VIII « des
servitudes personnelles, tailles, poursuites, mainmortes et droits d'icelle », nous en fournira les
exemples les plus frappants. Cette rigueur entra
si profondément dans les mœurs, qu'on en retrouve les vestiges jusqu'en 1789 ; le Nivernais
partage avec une petite contrée du Mont-Jura le
triste privilège d'avoir conservé, après toutes les
autres provinces, des serfs de poursuite, c'est-à-
dire de la pire condition. Les personnes atteintes
directement par la servitude l'étaient aussi dans
les terres dont elles avaient la jouissance ; nous
pourrons en effet constater que le bordelage
nivernais occupe le degré le plus bas de l'échelle
des tenures.

Nous abandonnons ce caractère rigoureux de
la coutume, pour aborder une disposition beaucoup plus libérale, qui nous permet de la classer
parmi les coutumes d'allodialité. Elle consacrait
l'esclavage des personnes, elle proclame la liberté
des terres :

« Tous héritages sont censés et présumés
francs et allodiaux qui ne montre du contraire » (ch. VII, art. 1). En d'autres termes,
celui qui allègue un droit de seigneurie directe
sur une terre doit en faire la preuve. Cette
maxime, habituellement exprimée sous cette
forme : « nul seigneur sans titre », avait cours dans
plusieurs contrées du Midi et quelques provinces

du Nord (1), appliquée tantôt à la propriété directe,
tantôt à la justice seulement; mais le plus grand
nombre des pays de coutumes admettaient la
maxime inverse : « nulle terre sans seigneur »,
c'est-à-dire la présomption de la non-franchise du
territoire. Le Nivernais (2) faisait donc exception
à la règle générale, et l'exception paraît avoir été
beaucoup plus apparente que réelle; l'application
de l'art. I, ch. VII, était loin d'en suivre exactement
les termes. Cet article fut inséré après renvoi au
parlement; il y eut des difficultés entre les trois
États : la noblesse devait naturellement s'opposer
à l'admission d'un principe contraire à ses prérogatives, et les représentants du tiers la réclamer avec une insistance aussi peu désintéressée.
Guy Coquille déclare qu'il ne faut pas le considérer comme une coutume « arrêtée en ce pays ».
Il écrivait à une époque où les idées nobiliaires
avaient remplacé les anciennes préoccupations
féodales; tous les efforts de l'aristocratie tendaient
à accroître sa puissance foncière; la présomption
absolue de la liberté du sol était une entrave : on
l'écarta progressivement. Le Nivernais suivait en
cela le mouvement général; en admettant qu'il
eût été vrai de dire en 1534 : « nul seigneur sans

(1) Coutume de Troyes, art. 51, — de Langres, art. 4,
— d'Auxerre, art. 23.
(2) Sur ce point la coutume de Nivernais a subi l'influence du droit des pays du Midi.

titre », il était probablement reçu un demi-siècle
plus tard, que le seigneur n'avait pas à prouver
son droit sur les terres comprises dans le territoire
de sa seigneurie, et que le propriétaire devait
établir le sien. Guy Coquille a été sans doute
l'interprète fidèle des usages de son temps ; il était
sieur de Romenay : on lui a reproché de s'en être
souvenu dans le commentaire de cet article (1).
Il admet la présomption que tous les héritages
situés dans l'étendue d'une seigneurie en relèvent
comme fiefs ou censives ; quiconque prétend posséder une terre allodiale doit prouver son indépendance vis-à-vis du seigneur, soit par titre, soit
par possession immémoriale. Cependant il répu-
gne à la scrupuleuse honnêteté du jurisconsulte
de considérer le texte de la coutume comme lettre
morte, il veut lui découvrir une application et
trouve celle-ci : Tous les héritages sont présumés
libres à l'égard des grosses redevances qui correspondent aux fruits de la terre, et, en particulier,
les prestations imposées au détenteur d'un bordelage ou au preneur emphytéotique. Le caractère
allodial de la coutume n'est donc pas évident ; il
nous paraît certain qu'après avoir existé anciennement, il disparut sous l'influence des idées nouvelles qui avaient cours dans la féodalité du seizième siècle.

(1) M. Dupin, *Coutume de Nivernais sur l'art.* 1er, ch. 7.

On distingue ordinairement les coutumes au point de vue de la succession aux propres et du retrait lignager, en coutumes souchères, coutumes de côté et ligne, et coutumes de simple côté; celle que nous étudions ne rentre complètement dans aucune de ces catégories. Elle est coutume de côté et ligne en ce qui concerne les successions (art. 7, ch. XXXIV) et coutume souchère pour le retrait lignager (art. 13, ch. XXVI).

Nous divisons notre étude en trois chapitres : 1° De la justice et des droits seigneuriaux; 2° Des personnes; 3° Des biens.

CHAPITRE PREMIER

DE LA JUSTICE ET DES DROITS SEIGNEURIAUX

SECTION PREMIÈRE

DE LA JUSTICE

Comme le fait observer G. Coquille, au début de son commentaire du ch. I de la coutume, le droit de rendre la justice est un attribut de l'autorité souveraine; régulièrement, il ne peut être exercé par un particulier qu'en vertu d'une délégation du pouvoir suprême. Au seizième siècle la justice est patrimoniale, elle a perdu son caractère ancien d'attribut du pouvoir royal pour devenir aux mains de quelques particuliers une forme d'exploitation. C'est ainsi qu'elle nous apparaît dans la coutume nivernaise de 1534; dans les siècles suivants la royauté mit tout en œuvre pour ressaisir ses droits; l'appel, la prévention, les cas royaux furent ses armes favorites; ses efforts ne furent pas couronnés d'un entier succès; les justices seigneuriales vécurent jusqu'à la Révolution.

La justice était, disions-nous, un bien patrimonial; anciennement, les seigneurs en jouissaient comme d'un domaine, en donnant à bail l'exercice de la justice dans leurs prévôtés. Notre coutume (art. 24, ch. I) présente un vestige curieux de cet ancien usage en disant : « Un prévôt fermier ne peut être juge ès causes procédant de son office et ès quelles il y a amende qui lui peut advenir. » Cette manière de rendre la justice avait été condamnée dès 1358 par un édit de Charles V resté probablement sans effet, puisqu'il fut renouvelé par Charles VIII et Louis XII. A l'époque de G. Coquille les prévôts fermiers avaient disparu; on donnait encore ce nom aux receveurs des amendes de justice, espèce d'agents fiscaux qui n'exerçaient aucune juridiction. L'article 24 faisait certainement allusion aux anciens prévôts fermiers, le commentateur a soin de dire « qu'il n'est que pour confirmation des ordon-

nances et sans icelles il contient le droit commun », c'est-à-dire, il consacre la règle générale
qu'une même personne ne peut être à la fois juge
et partie. Ce texte nous permet de supposer qu'il
y avait encore des prévôts fermiers dans le Nivernais, sinon en 1534, au moins en 1490, à l'époque de la première rédaction de la coutume,
et il en existait sans doute dans quelques
autres provinces, puisque Louis XII crut nécessaire de renouveler la prohibition de cet abus
en 1499.

La première question à résoudre en cette matière est de déterminer à qui appartenait le droit
de justice ; l'art. 24 du ch. I y répond en ces
termes : « Aucun ne peut avoir bailli, tenir assises, s'il n'a droit de châtellenie », et l'art. 25 nous
apprend ce qu'il faut entendre par là. Nul n'a
droit de châtellenie « s'il n'a en sa seigneurie scel
« aux contrats authentiques prieuré ou mala
« drerie (hôpital), foires ou marchés, ou de ces
« cinq choses les trois dont nécessairement faut
« que le scel authentique en soit l'un si il a pres
« cription ou titre valable. » Nous ne pouvons
mieux expliquer pourquoi les prieurés et les hôpitaux étaient considérés comme un indice de seigneurie qu'en citant G. Coquille. « La fondation
« de telles maisons, dit-il, témoigne la grandeur
« ancienne de la seigneurie, car il convenait don
« ner beaucoup, et pour maintenir la grandeur

« de la maison convenait encore retenir beau-
« coup de revenus à soi. »

Le titre de seigneur justicier est pour celui qui
le possède la source de nombreux avantages, notamment du droit de recueillir les biens vacants,
et les épaves, c'est-à-dire toutes les choses mobilières trouvées dans l'étendue de la seigneurie et
dont le propriétaire est inconnu. Les six premiers articles du ch. I réglementent l'acquisition
des épaves. En principe elles appartiennent au
seigneur haut justicier (1), dont le droit est garanti
de la façon la plus énergique ; quiconque garde
une épave plus de vingt-quatre heures sans noti-
fier sa découverte au seigneur haut justicier est
« amendable à la discrétion du juge » (art. 6).
C'est une première application de l'amende arbitraire, elle est bien loin d'être la seule ; on comprend aisément la prédilection des justiciers pour
cette peine qui constituait la plus grande part de
leurs revenus.

L'art. 7 nous en fournit un exemple plus remarquable par le délit qu'il prévoit : l'association non autorisée. « Peuple et sujets, outre le
nombre de dix s'ils n'ont charte ou privilège, ne
se peuvent assembler sans l'autorité du seigneur
haut justicier, et s'ils le font l'acte est nul et sont

(1) La coutume, dans les art. 13, 14 et 15, distingue les
trois espèces de justice, haute, moyenne, basse, et fixe avec
précision leurs attributions respectives.

punissables d'amende arbitraire envers le haut justicier.» Cette prohibition, empruntée au droit romain, a été reproduite dans le Code pénal, dont l'art. 291 interdit les associations de plus de vingt personnes; son existence dans une coutume méritait d'être signalée.

La coutume a devancé le Code sur un autre point, l'aggravation des peines en cas de récidive. La gradation établie par l'art. 8 porte l'empreinte des mœurs de l'époque : le vol est puni pour la première fois suivant l'arbitraire du juge jusqu'à mutilation de membres exclusivement, pour la seconde fois jusqu'à mutilation inclusivement, pour la troisième il est puni de mort. Mais, il n'y a récidive que dans le cas où le voleur a été saisi et condamné à chaque fois ; la coutume indique formellement cette condition comme l'a fait après elle l'art. 56 du Code pénal.

Les art. 20 à 23 sont consacrés à une procédure archaïque qui mérite de fixer l'attention ; il s'agit de la *partie formelle* ou partie civile. Il pourrait être dangereux de prendre ces deux expressions comme synonymes, la confusion des mots amènerait à confondre les choses qui sont entièrement distinctes. La partie civile, dans le droit moderne, est le particulier qui intervient dans un procès criminel pour obtenir la réparation pécuniaire du préjudice qu'il a subi. La partie formelle de la coutume est un particulier auteur d'une poursuite criminelle principale, qui de sa propre autorité s'empare de la personne d'un criminel, le conduit à la justice pour le faire incarcérer et procède lui-même à l'information. C'est un vestige de l'ancien système d'accusation privée, quelque chose comme la *manus injectio* de la loi des Douze Tables. Elle a un caractère exceptionnel, et est autorisée dans les cas où la gravité du fait commis justifie son admission ; aussi, n'est-elle pas reçue en matière civile. La coutume permet d'y recourir en matière criminelle dans les trois cas suivants : 1° lorsqu'il y a eu effusion de sang ou « énorme machure » (de *macula*, tache occasionnée par une contusion violente) ; 2° crime qui entraîne détention de personne ; 3° vol si le voleur est pris sur le fait.

Ce système d'accusation aurait présenté les plus grands dangers, si l'on n'avait eu soin de réprimer sévèrement les poursuites inconsidérées. Le poursuivant qui ne parvient pas à démontrer la culpabilité de l'accusé, est condamné à des dommages-intérêts, aux dépens et à une amende de soixante sols. Les conséquences pécuniaires de l'accusation reconnue sans fondement étaient une première garantie contre l'abus de cette procédure ; l'art. 21 en établit une autre plus efficace parce qu'elle se présente comme une condition préalable à l'admission de la poursuite. Celui qui se constitue partie formelle doit être incarcéré en

même temps que celui qu'il accuse ; l'un et l'autre peuvent obtenir leur mise en liberté sous
caution ; le texte nous autorise à croire que l'ac-
cusateur ne pouvait l'obtenir quand elle était re-
fusée à l'accusé. On veut que les deux parties se
trouvent dans l'égalité la plus complète, et que
l'une n'ait pas de plus grandes facilités pour recueillir des preuves contre l'autre, que celle-ci
pour se défendre. Enfin c'est au poursuivant à
faire l'information sous peine de voir élargir l'accusé.

Nous avons dit avec l'art. 20 de la coutume
que la partie formelle n'est pas admise en matière
civile ; l'art. 22 des criées contient cependant une
procédure analogue à celle que nous venons d'exposer, il est ainsi conçu : « Tous acheteurs de
« bétail, vins, blés et autres victuailles, s'ils ne
« paient comptant, ou si on ne leur baille terme
« et délai de payer, seront contraints, après la
« délivrance, par prison, promptement et sans
« commission par écrit, sous le simple congé du
« juge et à l'assertion de partie faite par serment
« pardevant ledit juge, payer le prix convenu et
« accordé entre eux. » Le vendeur de denrées
alimentaires pouvait donc faire emprisonner
l'acheteur qui ne paie pas comptant, sous la seule
condition qu'il ait livré la chose vendue et affirme
par serment l'existence de la vente et de la livrai-
son. Dans ce cas, comme dans la partie formelle

au criminel, on oblige le demandeur à faire la preuve de son dire dans les vingt-quatre heures, sous peine d'élargissement du débiteur.

Nous avons déjà vu comment la justice était une source de revenus, le chapitre II est consacré entièrement au plus important des profits pécuniaires qu'elle procure à ceux qui l'exercent, la confiscation des biens des condamnés à la peine capitale ou au bannissement perpétuel. Le règlement des droits des justiciers sur les biens confisqués est sans intérêt, et la coutume reproduit sur ce point les règles du droit commun : nous signalerons cependant l'art. 4, qui dénote une observation scrupuleuse, et très méritoire pour les seigneurs, des règles du régime de communauté. La femme mariée qui encourt la confiscation, « confisque seulement ses héritages (1) », sa part dans les meubles et conquêts de communauté reste au mari; elle ne pouvait pas en disposer par contrat, on ne veut pas qu'elle puisse en priver son mari par ses délits. Ce texte semble réserver au mari l'entière disposition de la masse commune, l'art. 3 au contraire attribue à la femme la moitié des biens communs lorsque son mari

(1) Le mot *confisquer*, dans notre coutume, est appliqué avec un sens actif non pas à celui qui bénéficie de la confiscation, mais à celui qui la subit; ce n'est pas le seigneur qui confisque les biens du condamné, mais le condamné qui les confisque au seigneur. — « Ses héritages », c'est-à-dire ses biens propres.

est « exécuté à mort ou banni à perpétuel ». Il y a peut-être un manque de logique dans ces deux décisions parallèles, on ne peut que louer le sentiment d'équité qui les avait inspirées.

SECTION II

DU DROIT DE BLAIRIE

Le droit de blairie (1) est un profit seigneurial qui constitue l'un des principaux avantages pécuniaires attachés à la possession d'un droit de justice. La coutume de Nivernais est la seule qui lui consacre quelques articles ; il était cependant en usage dans certaines contrées du Bourbonnais, mais la coutume n'en fait pas mention. Il constitue une exception à la règle générale du droit de vaine pâture, reconnu par l'art. 1er, ch. III. En principe, les habitants d'*une justice* peuvent envoyer leurs bêtes pâturer sur le territoire d'une justice voisine. La vaine pâture s'exerce sur les chemins publics, les prés, terres ou bois non clos, sauf pendant les périodes de temps où ces héritages sont *de défense*. Les prés non clos sont de défense, c'est-à-dire soustraits à l'exercice de la vaine pâture depuis la « Notre-

---

(1) Chapitre 3 de la coutume. D'après G. Coquille, les droits de blairie sont ainsi nommés, parce qu'ils consistent en une certaine quantité de blé, ou sont en u age dans les pays productifs de blé.

Dame de mars » (25 mars), jusqu'à ce que les foins soient enlevés, et en outre, « si le pré porte revivre, jusqu'à la Saint-Martin » (art. 1er, ch. XIV); les bois de coupe, pendant les quatre premières années qui suivent la coupe. Le droit de vaine pâture existe encore dans quelques communes; il est réglementé par la loi du 6 octobre 1791, et le Code civil, art. 648. G. Coquille fait à ce sujet une réflexion bien surprenante pour son époque et qui paraîtrait plus naturelle sous la plume des communistes de notre siècle : « Aussi, dit-il, est à ramentevoir (se rappeler) que la propriété des héritages n'appartient aux particuliers sinon en tant qu'il reste après l'utilité publique fournie... »

Le droit de vaine pâture ne peut plus s'exercer librement sur le territoire d'une justice, lorsque le seigneur justicier a un droit de blairie (1). La blairie est avant tout un accessoire des droits de justice, et comme elle déroge au droit commun celui qui prétend l'invoquer doit produire un titre ou appuyer sa réclamation sur une prescription suffisante (art. 4). Elle rentre dans la classe des banalités, c'est-à-dire des droits que l'on a dénommés, à l'époque de la Révolution, les droits de la féodalité dominante. G. Coquille,

(1) Excepté toutefois le cas où les habitants d'une justice voisine ont le droit de « procours », qui s'acquiert par titre, ou prescription avec paiement de la redevance.

en recherchant son origine, lui assigne, comme
sources premières, les concessions royales et les
usurpations, sans préciser leur importance res-
pective ; il est certain que même en Nivernais le
droit de blairie est exceptionnel.

Il consiste dans l'attribution exclusive au seigneur de la vaine pâture des héritages situés
dans le territoire de sa justice et, en conséquence,
la faculté d'en permettre l'usage à toute personne
même étrangère, moyennant le paiement d'une
redevance.

Les habitants ou les étrangers qui usent de la
vaine pâture doivent donc payer au seigneur
justicier une redevance, dont la quotité est fixée
par convention ou prescription (art. 5). C'est un
pur profit et non point le prix d'un bail ; c'est
une reconnaissance de la protection du seigneur
qui garantit à ses sujets la jouissance paisible
de la vaine pâture. En cela, le droit de blairie
participe à la nature de nos impôts modernes,
considérés comme le prix de la protection sociale.

Ce dernier caractère est plus évident dans les
contrées assez peu nombreuses, où le droit de
blairie était connu avec une signification particulière. Dans quelques pays, le seigneur recevait
une redevance en nature, « six gerbes de seigle ou
de froment », moyennant laquelle il s'engageait à
« bien garder les blèds et vendanges, prendre les
bêtes trouvées en méfait et les amener ès prisons

qu'il doit entretenir (1). » Le droit de blairie apparaît dans ces provinces comme le résultat d'une convention ; en Nivernais, au contraire, son origine est douteuse et probablement fort peu légitime.

A côté du droit de blairie, nous devons signaler les profits seigneuriaux connus sous le nom de banalités de four, de moulin, de pressoir, en renvoyant aux chapitres 18 et 19, qui se bornent à reproduire les règles du droit commun coutumier.

SECTION III

DE LA DIME DE SUITE

La dîme n'est pas un droit purement seigneurial ; créée à une époque ancienne, elle était destinée à subvenir à l'entretien des ministres du culte, mais elle fut souvent détournée de son but, et on la vit appartenir à des seigneurs laïques. Elle consiste dans une portion originairement fixée au dixième des fruits de la terre et des produits des animaux. Nous avons seulement à faire remarquer un usage qui paraît avoir été propre au Berry et au Nivernais, la dîme de suite.

Le seigneur laïque ou ecclésiastique, titulaire d'une dîme (2), a le droit de la percevoir sur

(1) V. Laurière, *Gloss.*, au mot *Blairie*.
(2) La coutume emploie le mot dîme au masculin, le dîme, c'est-à-dire le décime, le dixième.

tous les produits du sol ou des animaux dans
toute l'étendue de sa dîmerie. Ce droit a d'après
notre coutume une puissance remarquable, il
suit le laboureur et ses bêtes sur le territoire des
seigneuries voisines, lorsqu'ils y vont cultiver
une terre. Ce droit de suite est soumis à certaines
conditions; il faut, notamment, que les bêtes
aient passé l'hiver qui a précédé la culture sur le
territoire relevant du décimateur; on considère,
non pas le domicile du laboureur, mais le séjour
des animaux. L'art. 3 explique cette condition :
« les bœufs sont réputés avoir été hivernés dans
une dîmerie, quand ils y ont logé et ont été cou-
chants et levants durant l'hyver, posé qu'ils aient
pris leur pâture autre part. » G. Coquille donne,
au sujet de l'hivernage des bœufs, des explications qui témoignent de sa connaissance approfondie des usages agricoles; on reconnaît sans
peine à sa description le système encore pratiqué
de nos jours. « En ce pays, dit-il, communément
« les bœufs aratoires sont tenus aux pastu-
« reaux (1) d'herbes vives depuis que les herbes
« nouvelles commencent à estre fortes jusques
« après la première herbe des prés levée. Et
« après ladite première herbe levée, aucuns les
« mettent aux revivres ou regain des prés qui est
« la seconde herbe, ou bien les laissent ès dits

(1) Pâtures, prairies temporaires.

« pastureaux jusques à la fête Saint-Martin. Et
« depuis ladite feste on les tient en l'estable à la
« crèche et au foin jusques aux herbes nouvelles.
« Ainsi le vrai domicile des bœufs, et le temps de
« leur aise, c'est le temps qu'ils sont en l'estable
« qui est ce que la coutume appelle hyvernage...»
Le droit de suite appartient donc au titulaire de
la dîme du domicile des animaux, tel qu'il est
défini ci-dessus. Ce droit a pour objet la moitié
de la dîme qui serait perçue si les bœufs avaient
travaillé à la culture d'un fonds situé dans la
dîmerie de leur domicile ; l'autre moitié revient
au seigneur foncier. C'est une application de
l'idée signalée plus loin à l'occasion des champarts, que le travail de l'homme et des animaux
concourt à la production des fruits dans une mesure au moins aussi large que la terre elle-même.

La dîme, se percevant sur les produits naturels,
ne pouvait s'appliquer au profit pécuniaire que
retirait un laboureur en louant à autrui le travail
de ses bœufs ; l'art. 4 admet cette conséquence
logique de la nature des dîmes. De là le proverbe :
Bourse ou argent n'a point de suite (1).

La coutume de Berry (tit. X, art. 18) reconnaît
aussi la dîme de suite, avec les mêmes caractères

_____

(1) Loysel, *Inst. cout.*, éd. Dupin, p. 268. Loysel fait une
distinction générale entre les dîmes au point de vue du
droit de suite : « Coutumièrement en dimeries d'église n'y
a point de suite, mais bien en patrimoniales. »

que la nôtre ; elle est également reçue par la coutume de la Marche (330) sous le nom de *suite de reilhage*. On trouve quelque chose d'analogue à la dîme de suite en Champagne, le *rapport de fer*, qui paraît avoir appartenu à titre exceptionnel au chapitre de Reims.

CHAPITRE II

DES PERSONNES

Les règles importantes sur la condition des personnes sont écrites dans les chapitres VIII, XXII et XXIII, qui traitent de la servitude personnelle, des communautés, des droits des gens mariés.

SECTION PREMIÈRE

LA SERVITUDE

Dans une ordonnance du 3 juillet 1315, Louis X le Hutin s'exprimait ainsi : « Nous, considérant « que notre royaume est dit et nommé le royaume « des Francs et voulants que la chose en vérité « soit accordée au nom, avons ordonné et ordon- « nons que par tout notre royaume telles servi- « tudes soient ramenées à franchise. » On voit, en lisant la coutume de Nivernais, que la parole

royale avait eu bien peu d'autorité et que les ordres
de Louis X étaient restés à l'état de vœu platonique
pour l'affranchissement des serfs.

Plusieurs coutumes avaient cependant abandonné le servage, d'autres, en plus grand
nombre, l'avaient conservé sous des noms divers;
il y eut des degrés dans la servitude des personnes
comme il y en avait dans la condition des biens.
La coutume de Nivernais (1) se présente comme
l'une des plus rigoureuses, elle reconnaît et orga-
nise minutieusement le servage en le qualifiant
de servitude personnelle. Le nom est plus ef-
frayant que la chose, il semble autoriser une assimilation, qui serait une erreur, entre le servage
nivernais et l'esclavage de l'ancienne Rome. La
coutume de Bourbonnais (2) emploie une expression plus heureuse en nommant tailles personnelles les prestations imposées aux serfs; cette
différence d'appellation n'est point d'ailleurs l'indice d'une opposition véritable dans la condition
de la classe inférieure de ces provinces.

I. — *Comment on devient serf.*

En Nivernais, il n'y a que des serfs de naissance, c'est une petite supériorité sur la coutume
de Bourgogne, qui reconnaissait aussi des serfs

(1) Coutume de Nivernais, ch. 8.
(2) Coutume de Bourbonnais, titre XVIII.

par habitation d'an et jour sur une terre mainmortable (1). Notre coutume perd ce faible avantage sur un autre terrain ; le serf nivernais ne
peut échapper par lui même à sa triste condition ;
en Bourgogne, il peut s'affranchir en abandonnant au seigneur tous ses biens meubles et immeubles. Aussi Guy Coquille constate que la servitude adhère à la personne; près de deux siècles
plus tard, Voltaire (2) reproduisait la même pensée
en disant des serfs du Mont-Jura : « Leur maladie
inhérente aux os (la servitude) résiste à tous les
remèdes. »

La qualité de serf s'acquiert donc par la naissance ; la coutume établit une règle qui devait
avoir pour résultat d'élargir singulièrement cette
source unique de servitude. Le sort des enfants
n'était point douteux lorsque leurs deux auteurs
avaient la même condition, franche ou servile,
ils naissaient francs dans le premier cas, serfs
dans le second. La question devenait délicate si
le père était libre et la mère serve, ou réciproquement; plusieurs solutions s'offraient au choix des
rédacteurs de la coutume. La plus mauvaise obtint leur suffrage comme étant l'expression fidèle
des usages du pays. On pouvait admettre comme

(1) La coutume de Bourbonnais contient une règle analogue applicable dans une partie de la province seulement,
art. 195.
(2) Voltaire, coutume de Franche-Comté.

principe que l'enfant suivrait la condition de son
père (1) ou celle de sa mère (2). Il eût été préférable encore de reconnaître la franchise de l'enfant, selon le droit romain du Bas-Empire, lorsque
son père était libre à l'époque de la conception,
ou que sa mère l'a été à un moment quelconque
de la grossesse ; on eût dit alors : Le bon emporte
le mauvais, la franchise de l'un efface la servitude
de l'autre. La coutume n'est pas aussi généreuse,
elle déclare dans l'art. 22 que « le mauvais emporte le bon ». Celle de Bourbonnais disait aussi :
« La pire condition emporte la meilleure. » On
peut traduire ces deux formules en disant que
l'enfant naît serf si l'un de ses auteurs avait cette
qualité

Le Nivernais subissait une autre coutume qui
fut sans doute admise dans le droit général ancien, et qui était exceptionnelle au seizième siècle,
elle est inconnue même en Bourbonnais ; nous la
trouvons dans l'art. 23 du ch. VIII. Ce texte a
pour objet de régler la situation de l'enfant lorsque
ses auteurs relèvent d'une seigneurie différente.
Il s'élevait alors un conflit d'intérêts, la coutume
le résout avec une exactitude mathématique :
« Si le père est serf d'un seigneur et la mère d'un

(1) Coutume de Bourgogne, art. 82.
(2) On trouve cette règle dans les anciens ouvrages de
droit coutumier exprimée ainsi : « Servitude vient de par
les mères » (M. Viollet, *Etablissements de saint Louis*, t. III,
p. 283).

« autre, l'enfant sera serf de chacun desdits sei-
« gneurs *pro media* (pour moitié), et si le père est
« serf de deux seigneurs et la mère d'un autre,
« ledit enfant sera serf aux seigneurs de son
« père, chacun pour un quart, et au seigneur de
« sa mère pour une moitié (1). » Rien de plus
précis, le texte se passe de commentaires, et Guy
Coquille s'est dispensé de l'enrichir des siens.

Il résulte implicitement des principes que nous
venons d'exposer que le mariage n'a aucune influence sur la liberté des personnes; la femme
ne suit point la condition de son mari ; franche,
elle conserve sa franchise en épousant un serf ;
serve, son union avec un homme libre ne l'affranchit pas de la servitude, qu'elle transmettra comme
vice originel à ses enfants. A cette règle, la coutume apporte cependant une exception digne de
remarque ; « les gens de condition (cette expression est employée souvent pour désigner la classe
inférieure) peuvent marier leur fille franchement »
(art. 16, ch. VIII). En d'autres termes, la fille
serve peut trouver dans le mariage un affranchissement, la fille franche n'y trouvera jamais la

---

(1) M. Dupin, qui paraît avoir étudié nos institutions anciennes en les comparant trop souvent à celles de son
temps, signale cette disposition de la coutume comme
« insultante pour l'espèce humaine ». Cependant, la dignité
de l'homme n'était pas en jeu ; dès lors que le servage était
admis et que certaines personnes devaient avoir un maître,
il fallait bien décider quel serait ce maître dans le cas où
se présente un conflit d'intérêts.

servitude. Cette disposition pouvait porter préjudice aux seigneurs, ils étaient exposés à perdre
définitivement les biens donnés en mariage à la
fille de leur tenancier, puisqu'elle devenait libre
et aurait des enfants libres. La noblesse défendit
ses droits, et l'on sauvegarda ses intérêts en su-
bordonnant l'effet de ces mariages à certaines
conditions : la première est que la fille soit mariée par l'un de ses auteurs (1) ; vraisemblablement l'art. 16 ne pouvait plus recevoir son application si tous les deux étaient décédés ; le silence
de Guy Coquille sur ce point nous empêche d'affirmer l'exactitude de cette déduction ; la seconde
condition était que la fille ne reçût en dot que des
meubles ; on évitait ainsi l'atteinte la plus grave
aux droits des seigneurs sur les biens de leurs tenanciers. La portée de l'art. 16 était encore
amoindrie par la réserve formelle des usages contraires, « sauf et réservé ès lieux ès quels les seigneurs ne perdent ne gagnent ».

Nous devons signaler, en passant, une coutume
locale comprise dans la rédaction de 1534, qui
contient une disposition fort curieuse sur la situation des enfants issus du mariage de deux personnes de condition diverse ; c'est la coutume du
« val de Lurcy en la châtellenie de Montenoi-

---

(1) La coutume de 1490, au dire de G. Coquille, exigeait
l'intervention du père et de la mère, la nouvelle coutume
se contente de l'un d'eux.

son (1) ». Ces enfants ont un véritable droit d'option ; s'il en existe un seul, il peut choisir à son gré la franchise ou la servitude ; sont-ils plusieurs, le premier a droit d'option, le second demeure serf, le troisième a la même faculté que le premier, le quatrième la même condition que le second, et ainsi de suite. Le nombre pair était ainsi condamné à la servitude, le nombre impair pouvait acquérir la liberté ; ce fut une transaction singulière entre l'intérêt des seigneurs de ce pays et la stricte équité. Le résultat de cette option ne pouvait, semble-t-il, être douteux ; variable en théorie, il devait en pratique aboutir infailliblement à la liberté. Guy Coquille déclare cependant « qu'il est quelquefois utile d'élire la servitude ». Il en donne une raison plausible, elle résulte de l'art. 5, ch. IX : en optant pour la franchise, l'enfant doit renoncer à tous les « héritages de servitude » de ses père et mère ; souvent il n'aura pas l'espoir d'acquérir d'autres biens, on comprend facilement alors qu'il préfère l'aisance dans le servage à la misère dans la liberté. La faculté de choisir est d'ailleurs fort bien réglementée, les enfants doivent l'exercer dans l'année du décès de leurs auteurs, et dans le cas où ils seraient mineurs à cette époque, le délai est prolongé jusqu'à l'âge de quinze ans pour les enfants mâles, de quatorze ans pour les filles.

(1) Chapitre 9 de la coutume générale.

En résumé, dans la coutume générale de Nivernais, la servitude est imposée à tous les enfants
dont l'un des auteurs avait la qualité de serf. Les
femmes pouvaient échapper à cette condition
par le mariage, les hommes n'avaient d'autre
moyen pour s'y soustraire que l'affranchissement. On vit bien quelques bonnes âmes affranchir leurs serfs, « en considérant qu'il est méritoire de détruire la servitude et de l'incliner à la
franchise, mêmement que notre Seigneur Jésus-
Christ détruit et annule toute servitude (1) » ; le
nombre considérable des serfs dans le Nivernais,
au moment de la Révolution, témoigne d'une façon
irrécusable de la rareté des affranchissements.
Ce fait est d'autant plus remarquable qu'un
grand nombre de seigneurs affranchissaient leurs
serfs, dans la crainte de les voir quitter leurs domaines pour aller s'établir dans un pays voisin,
où ils trouvaient la liberté. Les seigneurs nivernais échappaient à ce danger, parce qu'ils conservaient, après le départ de leurs mainmortables, le
droit d'exiger le paiement des tailles et redevances, en quelque lieu qu'ils se soient retirés ;
c'est ainsi que le servage le plus rigoureux dut à
sa rigueur même le privilège d'avoir une plus
longue existence. Les serfs eux-mêmes ne pou-

(1) Ce sont les raisons qui décidaient « noble homme
Jacques Chaulvain, escuier seigneur de Thorigny », à affranchir « Jehan Bonnotte et ses hoirs commungs parsonniers » (manuscrit de 1530).

vaient désirer beaucoup de liberté ; le premier
effet de l'affranchissement était le retour de plein
droit au seigneur des héritages serviles relevant
de lui ; la rupture du lien qui l'unissait à son tenancier entraînait par une conséquence rigoureuse, mais logique, la disparition du lien corres-
pondant qui rattachait le serf à la tenure (art. 26,
ch. VIII).

II. — *Condition des serfs.*

Nous avons trouvé la coutume peu libérale
pour reconnaître la franchise des enfants, elle
l'est moins encore dans les obligations qu'elle
impose à tous les mainmortables. Anciennement,
le servage eut sans doute dans la plupart des
provinces les mêmes caractères ; au moment de
la rédaction des coutumes, il était déjà fort
adouci par un grand nombre d'entre elles, la
nôtre n'est point de celles qui en atténuent les ri-
gueurs. Il nous suffira de lire quelques articles
pour nous en convaincre ; le chapitre VIII débute ainsi : « Hommes et femmes de condition
servile sont taillables par le seigneur à volonté
raisonnable une fois l'an » . Cette règle paraît
plus douce que la disposition correspondante de
la coutume de Bourgogne, qui déclare les serfs
taillables « haut et bas, » c'est-à-dire suivant le
bon plaisir du seigneur (*id.* Franche-Comté,
Bourbonnais, art. 190).

La volonté raisonnable ressemble cependant beaucoup à l'arbitraire; la raison est une garantie illusoire lorsqu'elle entre en lutte avec l'intérêt, et qu'il n'existe pas decont rôle efficace ; c'était précisément le cas, le seigneur, aux termes de l'art. 2, fixe la taille avec le concours de deux ou trois prud'hommes de son choix. Dans les derniers siècles, la taille à volonté raisonnable était évaluée au double de la taille ordinaire. Elle était due une fois l'an, excellente disposition peu observée selon toute probabilité, l'art. 4 réservant tous les droits « de tailler deux ou trois fois l'an et de quêter les gens », qui pouvaient appartenir aux seigneurs par convention ou simplement par prescription, c'est-à-dire par usurpation prolongée. A une époque assez reculée on trouve dans le Nivernais des serfs abonnés payant une taille convenue et par conséquent invariable. Les premiers contrats de ce genre remontent à 1297 (1). Voici un extrait d'une charte de 1368, où nous lisons qu'une femme reconnaît *se esse servilis condicionis abomatam ad summam duor. solid. parisiensium monete currentis tempore solucionis et unius bicheti avene bone et mercabilis ad mensuram de Visesia...* L'art. 5 de notre chapitre prévoit l'application des tailles abonnées.

La taille elle-même n'était pas beaucoup plus

(1) Parmentier, *Inventaire*, à cette date.

rigoureuse en Nivernais que dans les pays voisins, le droit de l'exiger avait une force singulière par la poursuite. La poursuite n'a point dans toutes les coutumes une portée identique; dans les unes elle a pour objet la personne du mainmortable, dans les autres les redevances et tailles seulement. D'après celle de Vitry (article 145), les seigneurs peuvent réclamer leurs serfs, les suivre, en quelque lieu qu'ils se retirent. Ce droit de ressaisir la personne du serf disparaît lorsqu'il a demeuré un an et un jour sur une « terre de franchise »; bien plus, l'art. 146 lui reconnaît le droit d'acquérir la liberté sans quitter le territoire de la seigneurie par une prescription de vingt ans. Voilà quelle était la première application du droit de poursuite, la coutume de Nivernais nous offre un exemple de la seconde : « Les serfs, dit l'art. 27, demeurent, eux et leur postérité, à toujours poursuivables pour les tailles et autres droits, ensemble pour la mainmorte quelque part qu'ils s'absentent. » Ils ont donc la liberté de leur personne, mais aucun laps de temps ne les affranchira de leurs devoirs pécuniaires envers le seigneur.

La mainmorte est la première des prérogatives seigneuriales, elle consistait dans le droit de succéder à tous les biens meubles ou immeubles des serfs qui mouraient sans « hoirs communs », c'est-à-dire sans héritiers vivant en commu-

nauté avec eux à l'époque du décès. Elle avait
pour conséquence le refus de la faculté de tester
aux mainmortables, ou plutôt la limitation de ce
droit à « soixante sols tournois » (art. 32, chapitre VIII); aussi la règle disparaît pour faire
place à la liberté absolue de tester lorsque, le
mainmortable ayant des héritiers communs, le
droit de succession du seigneur est écarté. La
mainmorte fut l'une des causes principales du
développement des communautés serviles, qui
offraient à leurs membres l'immense avantage
d'éviter la transmission de leurs biens au seigneur, au préjudice de la famille. Le partage de
la communauté faisait au contraire revivre le
droit de mainmorte contre chacun des associés ;
il était donc très important de connaître le moment précis de la dissolution. La coutume ne
laisse aucune place au doute : la communauté
est réputée dissoute et le seigneur recouvre le
droit de succéder à tous ses membres, lorsqu'un
seul d'entre eux a pris sa part; peu importe que
les autres conviennent expressément de maintenir l'association, ils peuvent seulement former
entre eux une nouvelle communauté avec l'approbation du seigneur. L'art. 9 exprime la règle
précédente par une formule concise, « un parti
(loti) tout est parti ». L'art. 13 établit même une
présomption de partage dans le cas où l'un des
communs « tient par an et jour, feu et lieu à

part » ; Guy Coquille déclare « que cet article est
fort rude s'il est entendu selon sa première appa-
rence », et, malgré le sens évident du texte, il en
restreint l'application à l'hypothèse où le partage
a été fait du consentement de tous les associés.
Il emprunte cette solution à la coutume de Bourgogne (art. 90) (1).

Les droits des mainmortables sur les biens
qu'ils possèdent étaient réglés par notre coutume
comme par les autres ; ils disposaient librement
de leurs biens personnels, soit des meubles, soit
des immeubles libres de toute servitude; à l'égard
des tenures le droit d'aliéner est subordonné à
l'approbation du seigneur (art. 18 et 19). Nous
signalerons seulement la disposition assez remarquable de l'art. 20 : « La veuve d'un homme serf,
franche ou serve demeure douée par douaire coutumier de la moitié des héritages de servitude de
feu son mari. » La plupart des coutumes n'admettaient point la femme à prendre son douaire
sur les tenures serviles du mari (2); nous verrons
même qu'une tenure spéciale très répandue dans
le Nivernais était soumise à cette règle. L'exclusion du douaire de la femme sur les tenures ser-

(1) C'est un exemple du système habituel d'interprétation adopté par le jurisconsulte nivernais, il consulte volontiers les coutumes voisines d'abord, celle de Paris ensuite.

(2) La coutume de Bourbonnais ne reconnaissait pas à la
veuve un douaire sur « les héritages taillables » du mari.
Note de Ducher sur l'art. 250.

viles était une conséquence de la nature du droit
des tenanciers; ce droit est résoluble, il s'é-
teint par le décès sans héritiers communs; le
mari ne pouvait établir, sur les biens de cette espèce au préjudice du seigneur, des droits plus
étendus que ceux qu'il avait lui-même; tel aurait
été le résultat du douaire, puisque la femme acquiert un droit au moment où son mari a déjà
perdu le sien, en supposant qu'il soit mort sans
héritiers communs (1). La règle exceptionnelle de
l'art. 20 fut, paraît-il, inspirée par le désir des
seigneurs de faciliter les mariages de leurs serfs.
Ce n'est point la seule disposition bienveillante
que les seigneurs aient admise pour leurs sujets; nous avons dit comment ils avaient encou-
ragé le développement des communautés agricoles, ils paraissent avoir exercé sur elles une
sorte de patronage. En facilitant leur prospérité,
ils rendirent un service inappréciable au peuple
des campagnes, qui trouva souvent dans ces associations le commencement de l'aisance et parfois
de la fortune.

III. — *Des mariages par échange.*

Nous avons examiné quelle était la situation
ordinaire des serfs nivernais; il résulte de cet

(1) Guy Coquille, *Commentaire de l'art.* 29, ch. 6.

exposé que la disposition la plus rigoureuse de la coutume était, sans contredit, l'exigence d'une communauté entre le défunt et ses héritiers naturels comme condition absolue de leur droit à l'hérédité. C'était la négation de tout droit successoral plutôt qu'une simple entrave à son exercice; l'un des membres de la communauté familiale venant à disparaître, la part des survivants se trouve naturellement augmentée; ce résultat est un effet de l'association, il est impossible de le considérer comme un droit héréditaire véritable. Étant donnée cette règle, voici quel était le sort réservé aux enfants des mainmortables : ils se mariaient avec une personne de leur condition, la femme allait demeurer avec son mari dans la communauté de ses père et mère; lui, conservait avec ses droits de communauté l'espérance de recueillir l'héritage paternel; elle devait renoncer à cet espoir en s'éloignant du domicile de ses auteurs. De deux époux de condition servile, l'un était toujours frustré de la succession de ses parents; ils l'étaient l'un et l'autre, dans le cas où ils faisaient établissement séparé, ne pouvant par une raison quelconque vivre en commun avec la famille de l'un d'eux. Les lois les plus dures sont souvent l'occasion des usages les plus ingénieux; une règle aussi contraire aux intérêts de la classe la plus nombreuse ne pouvait manquer de donner naissance à un détour qui permît d'en éviter la rigueur. Cette voie détournée fut l'échange des enfants.

Cet échange fut peut-être employé à l'origine dans un but différent de celui que nous lui avons assigné. Il servit dans plusieurs contrées à éviter le paiement du droit de formariage. Ce droit était payé au seigneur comme indemnité pour la perte de ses droits, lorsqu'un serf dépendant de lui allait s'établir par mariage dans une seigneurie voisine : il pouvait être remplacé par un échange intervenant non pas entre deux familles comme dans notre coutume, mais entre deux seigneurs ; chacun acquiert par ce moyen un nouveau serf en échange de celui qu'il perd. La coutume de 1534 ne fait pas mention de ce profit, mais il fut sans aucun doute pratiqué anciennement dans notre province ; il est même assez vraisemblable que le désir de l'éluder fut la cause première de l'échange des enfants, qui s'élargit plus tard sous l'influence de la règle successorale dont nous avons parlé. Quel qu'ait été l'effet de cette cause sur l'institution curieuse dont nous parlons, voici quel était son usage au seizième siècle.

On ne pouvait songer à faire survivre le droit de succession à la cessation de la vie commune ; on remplace le droit éteint par un droit nouveau compatible tout à la fois avec la situation de fait des époux et avec la coutume.

Deux familles qui avaient chacune un fils et une fille, les unissaient par un double mariage en subrogeant l'une à l'autre les filles, chacune prenant dans la famille de l'autre les droits qu'elle perdait dans la sienne. Dans l'exemple précédent, l'échange portait sur les femmes. Il est en effet naturel et beaucoup plus ordinaire en pratique de voir une femme suivre son mari dans sa famille, qu'un mari suivre sa femme dans la sienne. On peut aisément concevoir un échange d'enfants mâles, il suffit pour le comprendre de supposer que deux familles aient, l'une deux fils, l'autre deux filles ; dans cette hypothèse l'échange présentera une utilité véritable, chaque famille conservera le même nombre d'enfants, à la condition seulement que l'un des fils ira s'établir chez les parents de sa femme (1).

Cet usage présente une analogie incontestable avec l'adoption, en voici les résultats : « L'effet « de cet échange est de faire participer les en- « fants échangés, dans la famille où ils entrent, « aux mêmes droits qu'ils avaient dans la mai- « son dont ils sont sortis, et en conséquence de « les faire admettre à la succession des pères et « mères adoptifs, tant aux propres qu'aux meu- « bles et acquêts de la même manière que ceux

(1) Auroux des Pommiers prévoit une hypothèse analogue sur l'art. 265 de la coutume de Bourbonnais.

« auxquels ils sont substitués (1). » La coutume
du Nivernais. dans l'art. 31, ch. VIII, autorise
formellement ces mariages et réglemente leurs
effets au point de vue des droits successoraux des
enfants échangés. Les personnes auxquelles ils
sont appelés à succéder sont les ascendants seuls ;
la coutume de Bourbonnais (art. 265) restreint
même leurs droits à la succession des ascendants
qui ont autorisé le mariage, c'est la règle romaine,
nemini invito suus heres agnascitur. Les deux coutumes s'accordent pour ne reconnaître à chacun
des enfants échangés aucun droit sur les successions des collatéraux de l'enfant qu'il remplace.
A l'égard des biens qu'ils sont appelés à recueillir, l'art. 31 fait une distinction : l'enfant adoptif (nous appelons ainsi l'enfant qui a un droit
de succession dans une famille à laquelle il n'appartient pas) succède à tous les meubles et même
aux conquêts immeubles autres que les tenures
serviles, soit par tête, soit pour la part convenue
au moment du mariage. S'agit-il de tenures serviles, une distinction nouvelle est nécessaire : ou
bien les familles qui ont échangé leurs enfants
relèvent de la même seigneurie, ou bien elles appartiennent à deux seigneuries différentes. Dans
le premier cas, le droit de succession est absolu,
il comprend même les *héritages de servitude* ; cela

(1) *Encyclopédie méthodique de jurisprudence*, au mot *Affiliation*.

est naturel, l'intérêt du seigneur n'est point compromis, sa situation reste telle qu'elle était avant le mariage. Dans le second cas au contraire, les enfants échangés ne peuvent pas succéder aux tenures situées dans la seigneurie à laquelle ils sont étrangers, sans l'autorisation du seigneur de ce territoire; le motif est évident, l'échange accompli sans l'approbation du seigneur ne devait point produire effet contre lui s'il n'obtenait ensuite son consentement. Nous avons dit que l'échange pouvait s'accomplir sans l'intervention du seigneur, cela est exact même pour les serfs de différentes seigneuries. La coutume ne soumet le mariage des mainmortables à aucune autorisation; nous avons signalé plus haut la condition bizarre faite aux enfants issus du mariage de deux personnes qui relèvent de deux seigneurs différents, et comment on assure à chacun de ces derniers la conservation de ses droits (art. 23, ch. VIII).

L'enfant adoptif acquiert des droits de succession, la famille qui le reçoit aura-t-elle un avantage réciproque? La coutume, comme l'art. 351 du Code civil, refuse tout droit de succession à l'adoptant sur les biens de l'adopté; nous lisons en effet dans l'art. 25 du chap. XXIII : « Si l'un des enfants échangés décède. sa succession appartiendra à ses propres parents. »Ce texte, placé au chapitre «des droits appartenant à gens mariés», suppose que l'échange est intervenu entre personnes franches; cela paraît singulier, étant donnée l'origine que nous avons assignée aux mariages par échange, et leur but ordinaire.

L'une et l'autre semblent en restreindre l'application aux personnes de condition servile. L'échange des enfants offre cependant une utilité certaine pour les familles franches elles-mêmes. L'intérêt principal se présente au sujet d'un contrat de concession spécial aux deux provinces de Bourbonnais et de Nivernais, connu sous le nom de bail à bordelage et que nous étudierons plus loin. Le détenteur d'un bordelage pouvait être une personne libre, elle subissait alors les règles particulières aux concessions de ce genre, notamment la plus rigoureuse écrite dans l'art. 18, ch. VI : pour succéder en bordelage, il faut être héritier du défunt et avoir vécu en commun avec lui à l'époque de son décès. Les enfants contraints d'abandonner la communauté de famille au moment de leur mariage perdaient la qualité requise pour succéder aux bordelages dont leurs parents étaient détenteurs, l'échange était un moyen d'atténuer les inconvénients de ce résultat. Une institution très répandue parmi les hommes libres comme parmi les serfs, les communautés agricoles donnaient une autre utilité aux unions de ce genre; dans ces associations, les filles recevaient au moment de leur mariage

une dot moyennant laquelle elles perdaient tout
droit sur les biens communs. Deux communautés pouvaient échanger des enfants par un double
mariage, ce procédé leur évitait l'ennui de diminuer le nombre des associés, et de payer aux filles
une dot qu'elles auraient emportée dans une famille étrangère. Ces avantages firent entrer les
mariages par échange si profondément dans les
mœurs nivernaises, qu'ils survécurent à tous les
bouleversements. Cependant, nous trouvons dans
le Répertoire de Guyot au mot : Mariage par
échange, cette affirmation singulière: « Différentes provinces ont encore dans leurs coutumes des
vestiges de cette ancienne barbarie». On peut être
surpris de voir qualifier de barbare une institution pleine de sagesse ; sans doute, l'objet immédiat des mariages par échange fut de corriger une
disposition rigoureuse de la coutume; ils avaient
un autre avantage qui devait survivre à la disparition des coutumes, parce qu'il est de tous les
temps: ils évitaient le morcellement de la propriété, dont l'influence est d'autant plus néfaste
que, les propriétés étant plus petites, les fractions
sont plus difficiles à cultiver utilement. Il faut
attribuer à ces résultats excellents la persistance
des mariages par échange jusqu'à nos jours;
M. Dupin, qui, à des titres autrement importants,
se plaisait à ajouter celui de maire de Gâcogne,
nous apprend qu'un mariage de ce genre fut cé-

lébré dans sa commune en 1839, et il ajoute cette
réflexion dont nous avons suffisamment démontré
l'exactitude : « Il y a de bien bonnes choses dans
ce qui est nouveau, mais il y en avait aussi dans
ce qui est ancien (1). »

Avant de quitter ce sujet, nous ferons observer
que les mariages par échange usités dans le Nivernais sont une variété d'une institution plus
générale, l'affiliation (2) ; il n'est point facile d'en
donner une définition précise, on peut cependant
la considérer comme une adoption *sui generis*. La
coutume de Saintonge reconnaît deux sortes d'affiliation ; l'une est une véritable adoption, l'affi-
liant fait entrer dans sa famille un étranger auquel il accorde un droit de succession limité aux
meubles et aux acquêts immeubles, sans recevoir
en échange aucun avantage de même nature.
L'autre n'est point gratuite, l'affilié apporte ses
biens dans sa nouvelle famille, mais il reçoit en
compensation des droits de succession plus étendus, il succède avec les enfants naturels même
aux biens propres. Cette seconde forme d'affiliation présente une analogie assez lointaine avec
les résultats de l'adrogation romaine, qui entraînait l'acquisition au profit de l'adrogeant des
biens de l'adrogé. D'après la coutume de Saintonge, l'affiliation se réalise par contrat de ma-

(1) M. Dupin, *le Morvan*, p. 99.
(2) *Encyclopédie méthodique de iurisprudence.*

riage ou par un simple contrat devant notaire.
L'affiliation spéciale des coutumes de Nivernais
et de Bourbonnais s'accomplissait toujours par
contrat de mariage, puisqu'elle consistait précisément en un double mariage des enfants de
deux familles.

IV. — *Persistance du servage dans le Nivernais.*

Nous avons dit qu'au moment de la Révolution
le Nivernais n'avait pas encore fait retour à la
couronne; en fait, son indépendance devait se
réduire à peu de chose, il se trouvait cependant
placé dans des conditions exceptionnelles; il res-
sentit moins vivement l'influence des idées de liberté qui commençaient à se faire jour, la persistance du servage en est la preuve. Ce n'est pas
une affirmation gratuite; nous trouvons, dans un
mémoire rédigé par Parmentier peu de temps
avant la Révolution, une énumération détaillée
des droits des seigneurs de Marcy sur leurs
serfs (1). Ce document est tout local. Nous citerons, pour confirmer son témoignage, les cahiers
des communes rédigés en 1789 pour être présen-
tés par les députés aux États généraux. Nous ne
donnerons pas à ces remontrances une autorité
exagérée, l'intérêt trop évident de leurs rédac-

(1) Mémoire reproduit par M. Dupin à la suite de la coutume de Nivernais.

teurs peut les rendre suspects, mais il est incontestable qu'ils présentent un exposé suffisamment exact de la situation du peuple des campagnes à cette époque. La plainte la plus énergique est celle que nous lisons dans les cahiers du bailliage de Saint-Pierre-le-Moûtier, art. 70:«Qu'on
« éteigne partout la mainmorte servile, attendu
« que cet abus, par une suite duquel les serfs
« n'ont ni la faculté de tester, ni celle de chan-
« ger de domicile, ni celle de choisir un état à
« leur gré, expose d'ailleurs les gens de cette mal-
« heureuse condition à être partagés comme un
« vil bétail quand leur père est mainmortable
« d'une seigneurie et leur mère mainmortable
« d'une autre; qu'il est par conséquent contraire
« au droit naturel et à la liberté générale des ci-
« toyens, aux lois du royaume et à l'intérêt pu-
« blic, et qu'on ne peut à ce moyen le considérer
« que comme le fruit de la violence et de l'oppres-
« sion (1). » Et dans les cahiers de Nevers au chapitre des instructions particulières, art. 7 : « Les députés demanderont l'abolition de toutes les servitudes personnelles mainmortes.....» Ces témoignages suffisent pour nous faire connaître l'état du Nivernais en 1789: la servitude personnelle était encore en usage dans toute l'étendue

(1) Cahiers des plaintes, remontrances et doléances de la chambre du tiers-état du bailliage du Nivernois à Saint-Pierre-le-Moûtier, rédigés le 22 mars 1789.

de la province; nous n'insisterons pas sur la condition des derniers serfs, elle n'était sans doute pas beaucoup plus mauvaise que celle des hommes libres pendant leur vie; au moment de leur décès seulement, la mainmorte établissait entre eux une notable différence. Louis XVI, sous l'inspiration de Necker, rendit en 1779 un édit abolissant la servitude dans tous les domaines de la couronne, et par lequel il renonçait au droit fiscal qu'il pouvait percevoir comme « suzerain fieffeux » sur les affranchissements accomplis dans toute l'étendue du royaume. Il invitait les seigneurs à suivre son exemple, il eût porté atteinte à leur droit de propriété en affranchissant leurs serfs sans indemnité aucune (1), et l'état des finances ne lui permettait pas d'employer ce moyen. L'appel du roi fut entendu par le dernier duc de Nevers, Louis-Jules Mancini Mazarini, qui affranchit tous les mainmortables habitant sur ses terres; mais, comme le roi, il avait dû respecter les droits des autres seigneurs nivernais, et ceux-ci paraissent avoir résisté à la contagion du bon exemple, en conservant toutes leurs prérogatives jusqu'au jour où ils y renoncèrent malgré eux sous la pression des circonstances. L'affranchissement des derniers serfs fut le plus beau résultat de la célèbre nuit du 4 août 1789.

(1) Il n'est pas même certain qu'il ait eu le droit en payant une indemnité ; il est probable d'ailleurs que les seigneurs n'auraient point refusé de le vendre.

SECTION II

DES COMMUNAUTÉS ET ASSOCIATIONS

En expliquant l'organisation et le rôle des communautés dans l'ancien Nivernais, nous ne ferons que compléter l'exposé déjà fait de la condition des serfs : à côté du mal, le servage, nous plaçons le remède, la communauté (1).

Les communautés étaient de droit général dans les pays de coutumes; il y avait partout des serfs, et tous avaient intérêt à réunir leurs efforts et leurs biens pour cultiver leurs terres et obtenir ainsi des produits plus abondants qu'ils emploie-raient à améliorer leur sort. L'utilité considérable et l'usage incessant dans la pratique de ces com-munautés firent admettre les règles les plus sim-ples pour leur formation. Le mécanisme savant et compliqué de nos associations modernes est tout à fait étranger aux sociétés agricoles de l'ancien droit; les conditions de forme étaient d'une simplicité toute primitive, on peut dire qu'il n'y en avait point. Les communautés ont le carac-tère d'un état de fait plutôt que d'un état de droit;

(1) Nous rappelons que si les communautés adoucissaient le sort des serfs, elles n'étaient pas moins avantageuses pour les seigneurs, qui trouvaient dans leurs membres des associés solidairement responsables du paiement des rede-vances.

leur nom même de sociétés taisibles indique suffisamment leur condition première ; elles se for-
mèrent, à l'origine, entre les membres d'une famille par une convention tacite résultant de la
vie en commun. Le fils continuant après son
mariage à vivre avec ses parents, sa femme devient un membre de la communauté, leurs enfants viennent ensuite en accroître le nombre ; il
n'était point rare, après quelques générations,
de voir la communauté composée de soixante
personnes. L'origine des sociétés taisibles paraît
être servile, il n'est pas douteux, cependant,
qu'elles aient été pratiquées même par les personnes franches ; plusieurs coutumes le reconnaissent explicitement ; la coutume de la Marche,
au contraire, conserve aux communautés leur
véritable caractère en restreignant la faculté de
les former aux personnes de condition « serve ou
mortaillable » (cout. de la Marche, art. 151, 152,
153).

Nous avons dit que les communautés étaient
de droit général dans les pays du nord de la
France ; à l'époque de la rédaction des coutumes,
quelques-unes les avaient abandonnées ; en 1566,
l'ordonnance de Moulins leur porta un coup ter-
rible, en décidant qu'à l'avenir toutes les conven-
tions devraient être rédigées par écrit. Désormais
les sociétés agricoles tacites ne furent admises
que dans les provinces où la coutume les avait

formellement conservées (1). La coutume de Nivernais était de ce nombre, elle est une des plus
complètes sur la matière des communautés ; nous
en exposerons les règles les plus importantes en
signalant celles qui ont un caractère original.

La coutume semble rejeter le principe même
des communautés tacites ; nous lisons, au début du
chapitre XXII qui leur est consacré : « Communauté de biens ne se contracte taisiblement entre
gens demeurant ensemble par quelque temps que
ce soit, s'il n'y a convention expresse. » La coutume de Bourbonnais, art. 267, contient une
règle identique. La meilleure explication que nous
puissions donner de ce principe est l'analyse du
commentaire de G. Coquille : le texte décide que
le seul fait de demeurer en commun, de vivre au
même « pot, feu et chanteau (2) », ne suffit pas à
fonder la communauté ; mais, si à cette société
de fait vient s'ajouter une mise en commun des
biens et des profits, alors, dit Guy Coquille, si
cette communication se prolonge « par long espace de temps, comme 6, 8 ou 10 ans, je dirai que
par convenance tacite ils sont communs ». La
règle générale subsiste : une convention expresse

(1) Coutumes d'Angoumois, Auxerre, Berry, Bourbonnais, Châteauneuf, Chaumont, Dreux, Montargis, Nivernais,
Poitou, Saintonges, Sens et Troyes.
(2) Chanteau, pain. On dit encore dans les campagnes le
chanteau pour désigner le pain entier dont toute la famille
se partage les morceaux.

est indispensable pour établir une communauté (1); l'art. 2 contient une première exception; nous en trouverons d'autres.

Dans quels cas y a-t-il donc communauté
tacite ? Nous devons étudier séparément quatre
hypothèses distinctes :

1° La communauté se forme tacitement entre
deux frères sous certaines conditions ; ils doivent
être âgés de vingt ans, hors de la puissance
paternelle, vivre ensemble, et mettre en commun
leurs biens et leurs profits. Comme toute exception, celle-ci doit recevoir une interprétation limi-
tative; il ne faut pas étendre aux sœurs ce que la
coutume décide pour les frères. Cette opinion
n'est pas une fantaisie d'interprète, Guy Coquille
la justifie par une considération de fait en obser-
vant que « l'industrie et le travail de la femme,
ordinairement, ne sont pas tels que ceux de
l'homme ». Dans une société entre frères et
sœurs l'inégalité des apports en industrie serait
fatalement un germe de discordes.

2° Une société tacite s'établit entre les enfants,
d'une part, le survivant des père et mère et ses
« communs parsonniers (2) », d'autre part.

_____

(1) La coutume de Berry, tit. VIII, art. 10, admet expressément la formation d'une communauté tacite par an et
jour, entre personnes capables de contracter société, si au
fait de l'habitation commune se joint la « communication des
gains et profits ».

(2) Parsonnier est dérivé de parçon, diminutif de part,

L'existence de cette communauté ne remonte pas
à l'époque du décès, elle commence seulement
lorsque les enfants ont un certain âge, quatorze
ans pour les enfants mâles, douze ans pour les
filles, et après l'an et jour, ce qui reporte sa formation à l'âge de quinze ou treize ans. Le survivant peut empêcher l'établissement de cette communauté en y contredisant (art. 4, ch. XXII, —
art. 22 et 23, ch. XXIII), c'est-à-dire, en faisant
nommer à l'enfant un tuteur (ou un curateur, s'il
est pubère), en présence duquel on fera un inventaire des biens de la société qui existait entre les
conjoints avant le décès de l'un d'eux. Cette disposition est particulière à la coutume de Nivernais ; celle de Bourbonnais qui en est habituellement un écho si fidèle, ne la reproduit pas. La
plupart des coutumes (1) admettaient au profit
des enfants contre le survivant des père et mère
la continuation de la communauté conjugale; la
coutume de Paris exigeait, comme condition essentielle, qu'il y eût des enfants mineurs. Dans la
communauté continuée, tous les enfants comp-
tent pour une seule tête et occupent la place du
défunt. Selon notre coutume, il s'établit une

comme garçon de gars, enfançon de enfant (G. Coquille,
question 87). Dans Beaumanoir, on trouve parchonnier du
meurtre pour désigner celui qui a pris part, le complice.
(1) Coutume de Paris, art. 240 et suiv. Orléans, 216. La
coutume de Bourbonnais, art. 270, admet la continuation
au profit des héritiers quels qu'ils soient, même lorsqu'il
s'agit d'une société autre qu'une communauté entre époux.

communauté nouvelle dont chacun des enfants
devient un membre actif; cela nous explique la
condition bizarre au premier abord de l'âge de
douze ou quatorze ans. Guy Coquille trouve
même cet âge prématuré; il préférerait celui de
dix-huit ans, parce que les enfants aussi jeunes
ne pourront jamais procurer à la société des
gains et profits aussi considérables que ceux
apportés par les autres membres. La continuation de communauté, le nom l'indique, supposait
l'existence d'une société entre les époux au moment du décès de l'un d'eux; il fallait donc
qu'elle n'eût pas été exclue par le contrat de mariage, ni dissoute par la séparation de biens; cela
était indifférent pour la formation d'une nouvelle
communauté admise par la coutume de Nivernais. Les enfants pouvaient toujours renoncer à
la communauté introduite en leur faveur (commentaire de G. Coquille sur l'art. 4, ch. XXII);
par exception, elle est écartée de plein droit lorsqu'ils ont reçu comme apanage une somme d'argent ou un bien déterminés; dans ce cas, en effet,
leur droit est certain et ne peut être compromis;
cette solution résulte des mots « ayans biens
mêlés » et « ayant droit acquis » des art. 4,
ch. XXII et 22, ch. XXIII, qui supposent que les
enfants ont un simple droit de succession à l'universalité, et non pas un droit déterminé (1).

(1) G. Coquille, question 91.

3° Une communauté tacite prend naissance par « l'an et jour » d'habitation en commun entre les gendres ou belles-filles et leurs beaux-pères ou belles-mères et « leurs parsonniers » (art. 21, ch. XXIII). Cette communauté comprendra « les meubles faits, meubles et conquêts à faire », sous la condition que le nouvel associé fasse l'apport qu'il a promis. Ce sera la dot si c'est la femme qui vient demeurer avec les parents de son mari ; une espèce de *donatio propter nuptias*, si c'est le mari qui entre dans la communauté des parents de sa femme.

4° L'exemple le plus connu d'une société tacite est la communauté qui se forme entre les époux après le mariage ; elle était admise par toutes les coutumes. Nous ferons observer seulement qu'aux termes de l'art. 1, ch. XXIII, le mariage se forme « par parole de présent et solennisation en face de l'Église ». La coutume devançait ainsi le concile de Trente, qui décréta, quelques années plus tard (1), que la bénédiction de l'Église était nécessaire à la formation du lien conjugal. L'art. 2 ajoute que la communauté s'établit « incontinent après la consommation du mariage ». G. Coquille interprète cet article à l'aide du précédent, et entend par consommation la célébration religieuse. Le mot consommation

(1) Les sessions du concile de Trente, commencées en 1545, ont été closes en 1563.

avait dans notre ancien droit une signification
différente; sans contester le dire du commentateur, nous n'hésitons pas à voir, dans l'emploi de
cette expression par les rédacteurs de la coutume,
les vestiges d'un usage qui était abandonné de
son temps. La formation de la communauté entre
époux, comme l'acquisition du *morgengabe* primitif, nous paraît avoir été subordonnée à la co-
habitation des époux.

*Conditions de la formation d'une communauté ta-
cite.* — La première condition est la vie en commun pendant l'an et jour, ce que les anciens auteurs appellent « la vie en une même maison, à
même table, pot et feu (1) ». Il faut, en outre,
qu'il y ait communication de « biens, gaings et
profits » (G. C., sur l'art. 1er, ch. XXII). Enfin,
la société ne se forme point contre la volonté des
parties intéressées; la communauté entre époux
elle-même se présume, mais elle peut être écartée
par une convention formelle (art. 19, ch. XXIII);
il en est de même de la société entre les enfants
et le survivant des père et mère (art. 4, ch. XXII).

Bref, la communauté s'établit entre personnes
qui, voulant former une société, demeurent ensemble et mettent en commun leurs biens et les
produits de leur travail ou de leur industrie.

Biens compris dans la communauté. — La com-

(1) Thaumas de la Thaumassière, *Sur la coutume de
Berry*, titre VIII, art. 10, p. 265.

munauté tacite comprend tous les biens meubles
acquis par ses membres avant ou depuis sa formation, et les immeubles acquis au cours de son
existence : « les meubles faits, meubles et conquêts à faire » (art. 3, 4, ch. XXII. — 2 et 21,
ch. XXIII).

Chaque membre de la communauté conserve
ses biens propres, « ses héritages anciens », li-
sons-nous dans l'art. 6 de notre chapitre, et
même, s'il acquiert durant la communauté un
héritage « mouvant de son estoc et branche »
venant de sa famille, il en conserve la propriété,
sauf à rembourser le prix (1) dans l'année de la
dissolution ; mais tous les fruits de cet héritage
appartiennent à la société jusqu'au remboursement (art. 7, eod.). Restent propres également
les immeubles acquis par succession (art. 9), les
biens propres rachetés après avoir été vendus ou
hypothéqués (art. 11), le prix d'un immeuble qui
avait été acquis avant la communauté, par l'un
des associés, sous la clause de réméré, lorsque le
vendeur use de son droit de rachat après la dissolution (art. 13).

Sont communs (2) les bâtiments faits sur un

(1) Il s'agit d'un immeuble acquis par l'exercice du retrait lignager en désintéressant l'acquéreur non lignager,
et dans notre hypothèse les deniers employés à cet effet ont
été fournis par la communauté.

(2) Sur les biens communs : coutume de Bourbonnais,
art. 271 à 280 inclus.

conquêt de communauté (art. 6), les meubles acquis par succession (art. 9), les héritages pris à
cens ou à rente d'un étranger (art. 10), les deniers
provenant de l'exercice du droit de rachat, si
l'immeuble est racheté pendant la durée de la société (art. 12).

Administration de la communauté. — Nous ne
pouvons donner une idée plus exacte des communautés agricoles, ni présenter un tableau plus
animé de la vie de leurs membres, qu'en repro-
duisant la description donnée par Guy Coquille
dans ses Questions sur les coutumes (question
LVIII) : « Selon l'ancien établissement du mé-
« nage des champs en ce pays de Nivernois, plu-
« sieurs personnes doivent être assemblées en
« une famille pour démener (diriger) ce ménage
« qui est fort laborieux ; consiste en plusieurs
« fonctions en ce pays qui de soi est de culture
« malaisée ; les uns servant pour labourer et
« pour toucher les bœufs, animaux tardifs, et
« communément faut que les charrues soient
« tirées de six bœufs ; les autres pour mener les
« vaches et les juments en champ ; les autres pour
« conduire les porcs. Ces familles ainsi composées
« de plusieurs personnes, qui toutes sont em-
« ployées chacune selon son âge, sexe et moyens,
« sont régies par un seul, qui se nomme maître
« de communauté, élu à cette charge par les
« autres, lequel commande à tous les autres, va

« aux affaires qui se présentent ès villes ou ès
« foires, a pouvoir d'obliger ses parsonniers en
« choses mobilières qui concernent le fait de la
« communauté, et lui seul est nommé ès rôles
« des tailles et autres subsides. Par ces argu-
« ments se peut connaître que ces communautés
« sont vraies familles et collèges : qui par consi-
« dération de l'intellect sont comme un corps
« composé de plusieurs membres, combien que
« les membres soient séparés l'un de l'autre,
« mais par fraternité, amitié et liaison écono-
« miques sont un seul corps... M'a toujours
« semblé que c'était fort mal à propos de com-
« parer ces communautés des maisons de villages
« aux sociétés dont est parlé au droit civil des
« Romains. Car ès dites sociétés se dit que l'un
« étant décédé ores que plusieurs restent vivants
« toute la société est dissoute ; se dit que même
« par paction expresse n'est transmissible aux
« héritiers, pour ce que l'industrie et la foy de
« chacun est choisie. Mais en ces communautés
« on fait compte des enfants qui ne savent encore
« rien faire pour espérance qu'on a qu'à l'avenir
« ils feront ; on fait compte de ceux qui sont en
« vigueur d'âge pour ce qu'ils font ; on fait compte
« des vieux et pour le conseil et pour la souve-
« nance qu'on a qu'ils ont bien fait, et ainsi
« de tous âges et de toutes façons, ils s'entre-
« tiennent comme un corps politique qui par

« subrogation doit durer à toujours. » Le jurisconsulte nivernais nous dépeint les membres de la
communauté occupés, chacun selon ses forces et
ses capacités, sous la direction d'un maître (1), di -
rection toute paternelle, sans doute, chacun connaît son ouvrage et est intéressé à le bien accomplir. Le maître tient ses pouvoirs de la
volonté expresse ou tacite de ses coassociés ; sa
situation juridique est celle d'un mandataire général, il oblige par ses actes la communauté elle-
même et dispose librement des meubles. Il doit
d'ailleurs régler son administration sur les usages
du pays, car, dit le judicieux commentateur de
la coutume : « C'est un argument de bon ménage
quand on s'accommode à l'usance, et c'est mauvais ménage quand on entreprend avec nouveauté ou autrement qu'il n'est accoutumé. »
Dans les limites tracées par l'usage, le maître
oblige la communauté d'une manière absolue ;
s'il outrepasse ses pouvoirs, il peut être révoqué,
on doit alors prévenir le public de ce changement
par une annonce au prône de la messe parois-
siale. Le maître révoqué devra rendre compte de

(1) Il y avait également dans chaque communauté une
maîtresse nommée à l'élection et qui n'était jamais la
femme du maître. Cependant, lorsqu'un père et une mère
ayant des enfants *pubères* se détachent de la communauté
principale, ils deviennent dans ce cas maître et maîtresse
de la société qu'ils forment. — Cette règle permettait de
choisir pour maîtresse la plus capable et la plus digne, en
même temps qu'elle établissait une séparation efficace des
pouvoirs, entre les fonctions des deux chefs de l'association.

s n administration, il est responsable comme
tous ceux qui gèrent les affaires d'autrui.

Le maître représente la communauté en justice,
mais seulement dans les actions personnelles et
possessoires (art. 5, ch. XXII). Son pouvoir est
restreint aux actions mobilières, il ne pourrait
pas exercer les actions personnelles immobilières
telles que l'action en rescision d'un contrat, l'action de partage, celle qui a pour objet un droit
de retrait lignager, car ces actions pourraient
dissimuler une aliénation indirecte, et le maître
n'a point le droit de disposer des immeubles communs. (Guy Coquille sur cet article.)

Telles étaient les règles principales formulées
par la coutume ; elles s'appliquaient sans dérogation aux communautés tacites, les sociétés établies par convention expresse étaient soumises
aux règles adoptées dans le contrat. Souvent ces
contrats étaient de véritables constitutions, on y
trouvait « une charte entière accompagnée d'autant de précautions, que certains législateurs de
l'antiquité en prenaient pour conserver dans
chaque famille les biens assignés par le partage
primitif (1) ». Quelques-unes des anciennes communautés ont dû aux prescriptions pleines de
sagesse dictées par leurs fondateurs et à la ré-

(1) Lettre de M. Dupin à M. Etienne, de l'Académie
française, sur la communauté des Jault, insérée à la suite
de la coutume de Nivernais, édit. 1864, p. 477.

glementation minutieuse des droits de chaque
associé, le privilège d'une longévité merveilleuse.
M. Dupin raconte que, dans une excursion qu'il
fit dans la Nièvre, pendant les vacances parle-
mentaires de 1840, il alla visiter une communauté agricole, qu'il a rendue célèbre, la communauté des Jault, située dans le canton de Saint-
Saulge. Nous renvoyons à cette curieuse narra-
tion, ne pouvant la reproduire en entier, dans la
crainte de lui enlever tout son charme en la ré-
sumant (1). M. Dupin admirait, en 1840, la prospérité de la dernière communauté agricole nivernaise, elle n'existe plus aujourd'hui. Les titres
que le chef de la communauté, maître Claude,
allait prendre « dans une arche » pour les montrer à son célèbre visiteur, sont déposés aux archives de la préfecture de la Nièvre ; on y voit
de nombreux actes de partage, la communauté
leur avait survécu jusqu'alors, elle a été partagée
définitivement entre ses derniers membres en
l'année 1846.

La communauté des Jault n'est pas, comme le
disait M. Dupin, le dernier vestige des anciennes
communautés nivernaises. Peut-être fut-elle la
dernière des sociétés formées entre plusieurs personnes, qui mettaient en commun leurs biens
pour les cultiver ensemble. Comme association
régie en dehors des lois modernes par une cons-

(1) M. Dupin, *op. cit.*, p. 472.

titution exceptionnelle, elle ne fut point la dernière. En 1875, il existait encore de nombreuses
communautés dans le canton de Luzy (Nièvre) ;
elles étaient organisées de la même manière que
les sociétés taisibles, avec cela de particulier
qu'elles cultivaient, non point leurs propres terres
(comme la communauté des Jault), mais des
biens qu'elles tenaient à bail moyennant un fermage annuel (1).

SECTION III

CAPACITÉ DE LA FEMME MARIÉE

Nous avons mentionné incidemment la communauté conjugale comme l'un des cas de communauté tacite, c'est assurément le plus important en fait, mais il nous a paru trop général
pour rentrer dans le cadre de notre étude. La
coutume de Nivernais ne contient pas sur ce sujet
des règles originales, elle consacre, à quelques
différences près, le système adopté par le Code

(1) M. de Cheverry, dans les *Ouvriers des deux mondes*,
1875, t. V, p. 38 : « Il existe un grand nombre de ces
« communautés sur les confins sud du Morvan, le canton
« de Luzy (Nièvre) en possède une vingtaine ; elles sont
« beaucoup plus nombreuses dans les cantons d'Issy-
« l'Evêque, Mesvres, Goulon-sur-Arroux et autres limi-
« trophes (Saône-et-Loire). La petite commune de Cuzy,
« dont 14 domaines composent le territoire, en compte 5,
« fonctionnant régulièrement sans autre *vinculum juris* que
« la charte traditionnelle de la coutume. »

civil à la suite du droit commun coutumier. Le
mari est seigneur et maître de la communauté,
tel est le principe fondamental de ce régime. On
pourrait presque appliquer cette formule célèbre
aux droits du mari sur sa femme.

L'art. 1 du ch. XXIII consacre ces droits de
la manière la plus absolue : « Femme mariée est
et demeure du tout en la puissance de son mari
et du tout hors de celle de son père ». Ces derniers mots ont pour objet d'écarter l'application
d'une règle adoptée par les pays de droit écrit,
et d'après laquelle la puissance paternelle n'est
pas éteinte par le mariage des enfants. Avec la
plupart des autres coutumes, celle de Nivernais
interdisait à la femme d'aliéner ses biens, de
s'obliger, d'ester en jugement sans l'autorisation
de son mari ou de justice; elle exagérait même
l'incapacité de la femme, en déclarant qu'elle ne
pourrait pas, sans autorisation, disposer de ses
biens par testament et autres actes de dernière
volonté. On trouve une disposition analogue dans
la coutume de Bourgogne, art. 20, et dans celle de
Normandie. Les coutumes de Paris (223) et d'Orléans (194) ne prononcent pas cette incapacité.
Il était raisonnable de défendre à la femme d'a-
liéner ses biens ou d'ester en justice sans autorisation ; on ne pouvait lui laisser le moyen de
compromettre sa fortune par des libéralités irré-
fléchies ou des contrats désavantageux, dont le

mari eût immédiatement ressenti les effets. Ce
motif ne s'applique pas aux actes de dernière
volonté; quelles conséquences fâcheuses peuvent
avoir pour le mari le testament, la donation à
cause de mort, les institutions contractuelles?
Aucunes évidemment; ces dispositions ne dimi-
nuent pas les ressources de la communauté,
puisque leur effet doit se produire après la dissolution du mariage. Le mari n'avait donc aucun
intérêt à sauvegarder; son autorisation, pour être
injustifiée, n'en est pas moins nécessaire de par
le texte formel de la coutume. Guy Coquille le
reconnaît en ajoutant que cette exigence est
« déraisonnable ». Cette règle n'avait pas été
reçue sans difficulté; le clergé, après avoir reconnu qu'elle exprimait bien une ancienne coutume, s'opposa vivement à son adoption (1).

SECTION IV

AUTORITÉ SUR LES ENFANTS

Nous venons de constater que la coutume reconnaît au mari une puissance très étendue sur
sa femme, elle ne contient aucune disposition
analogue pour les enfants. La seule règle qu'elle
formule sur la puissance paternelle est l'âge

(1) M. Dupin, *Coutume de Nivernais*, p. 318.

fixé pour son extinction ; les enfants sont majeurs
à vingt ans (art. 8, ch. XXX). Elle renferme,
comme la plupart des autres coutumes, un cha--
pitre sur la condition des mineurs, le ch. XXX
a pour rubrique : Des tutelles et curatelles ; ce
titre même est une dérogation au droit coutumier
général, qui admettait la *garde* des enfants, et la
tutelle, sans conserver à cette institution les caractères qu'elle avait en droit romain (1). La règle
fondamentale du droit commun coutumier, est
que « toutes tutelles sont datives ». Notre coutume reproduit absolument le système des lois
romaines, en reconnaissant l'existence des trois
espèces de tutelle ; elle peut être testamentaire,
légitime ou dative ; la première est préférée aux
deux autres : « Tutelles testamentaires ordon-
« nées par les pères des mineurs sont valables et
« préférées à toutes autres. Et à défaut d'icelles a
« lieu la légitime tutelle, et après à défaut desdites
« testamentaire et légitime la dative a lieu. »
Cette classification, adoptée par le droit romain,
reproduite par la coutume, a trouvé place dans le
Code civil (art. 402 et 405). La coutume est romaine jusque dans les détails de réglementation.
Ainsi, l'art. 5 déclare que la tutelle prend fin

(1) Coutume de Paris : De la garde noble et bourgeoise ;
Orléans : Des enfants qui sont en leurs droits. — La tutelle
romaine se retrouve dans la coutume de Bourbonnais,
art. 177, et celle de Bretagne, art. 478.

lorsque les enfants ont atteint l'âge de quatorze
ans pour les mâles, douze ans pour les filles, c'est
l'âge fixé pour la puberté en droit romain. L'enfant pubère n'est pas soustrait à toute autorité,
il sort de tutelle pour entrer en curatelle et y demeurer jusqu'à vingt-cinq ans (art. 8). Bien plus,
ce changement s'accomplit *ipso jure*, le tuteur
devient de par la coutume et de plein droit le curateur de son ancien pupille ; sur ce point la
coutume diffère du droit romain et du Code civil.
A Rome la curatelle ne remplaçait pas nécessairement la tutelle ; elle fut admise d'abord pour
les fous et les prodigues, puis étendue avec un
caractère facultatif (au moins pour ceux qui n'ont
pas été en tutelle) aux mineurs de vingt-cinq ans.
Le Code civil assigne à la curatelle un rôle moins
important, et restreint son application aux mineurs émancipés ; elle est dative en principe, la
seule curatelle légitime est celle du mari majeur
à l'égard de sa femme mineure émancipée (1).

La coutume énonce seulement quelques règles
de procédure, elle est muette sur la capacité des
mineurs et les pouvoirs des tuteurs ou curateurs ;
on devait sans doute combler ces lacunes à l'aide
du droit romain, puisqu'il s'agissait d'une institution romaine. Les coutumes auraient été d'ail-

(1) D'après la coutume d'Orléans (art. 182), le mineur
reçoit un curateur au sortir de la tutelle, mais ce curateur
lui est nommé à la diligence du tuteur sortant de charge.

leurs d'une faible ressource, elles contenaient en général des dispositions fort incomplètes sur cette matière (cout. Paris, 267).

Aucun article de notre coutume ne parle de l'émancipation, les principes que nous venons d'exposer nous autorisent à penser qu'elle pouvait s'accomplir suivant les formes romaines. Un document, datant de 1309, confirme cette hypothèse, en mentionnant une émancipation faite devant l'official de Nevers dans les formes romaines; c'est l'émancipation par déclaration devant le magistrat du droit du Bas-Empire (loi 6, Code, *De emancip.*) (1).

CHAPITRE III

DES BIENS

Division des biens.

La coutume de Nivernais admet la division traditionnelle des biens en meubles et immeubles.

Elle contient quelques dispositions singulières sur les fruits et autres objets, dont le caractère

(1) Inventaire de Parmentier, 1309. «Etienne Labisse, fils de Colin, citoyen de Nevers, émancipe Laurent, son fils, devant l'official de la cour de Nevers, selon la forme du droit romain. »

mobilier ou immobilier se modifie avec les conditions d'âge ou de développement. Dans le droit commun, les fruits considérés comme immeubles lorsqu'ils font partie de la chose frugifère deviennent meubles lorsqu'ils en sont détachés (c. Paris, 92): c'est la distinction de l'art. 520 du Code civil. La coutume de Nivernais la reproduit dans son art. 4 (ch. XXVI) avec des exceptions importantes. Les blés conservent le caractère d'immeubles jusqu'au moment où ils ont acquis un certain développement que le texte dépeint par l'expression suivante : « bleds en terre avant qu'ils soient noués » (art. 1). Les foins sont réputés immeubles « avant la fête Notre-Dame de mars » (25 mars). La règle est plus extraordinaire encore pour les vignes ; la coutume déclare que les raisins sont immeubles jusqu'au premier labour de printemps, ils deviennent meubles après cette époque: cet ameublissement est assurément prématuré ; « c'est s'y prendre de bonne heure, dit M. Dupin, pour voir déjà le vin, pour ainsi dire dans les tonneaux. » La coutume de Bourbonnais (art. 284) exagère la singularité en déclarant meubles les blés aussitôt après les semailles et les raisins après la taille des vignes. D'autres coutumes (Artois, Reims) fixaient à une époque invariable l'ameublissement des fruits : la mi-mai pour les foins, la Saint-Jean (24 juin) pour les blés, la mi-septembre pour les raisins.

L'ameublissement des récoltes, et par suite la possibilité de les atteindre facilement par la saisie, était un moyen puissant de crédit agricole. On peut dire qu'il était le seul à une époque où le plus grand nombre des habitants des campagnes cultivant les terres d'autrui, ne possédant qu'un mobilier primitif et les instruments nécessaires à leurs travaux, auraient été incapables d'offrir à des créanciers une garantie suffisante.

L'art. 5 décide que le poisson dans les étangs est réputé immeuble pendant les deux premières années à compter de l'empoissonnement; l'article 524 du Code civil reconnaît le même caractère aux poissons, mais dans le cas seulement où ils ont été placés dans l'étang par le propriétaire, et sans fixer aucune limite. Le délai de deux ans adopté par la coutume était raisonnable et concordait avec l'usage du pays, qui était de pêcher les étangs tous les deux ans (1).

L'art. 12 reconnaît la qualité de meubles à toutes les constructions qui reposent sur le sol sans fondations, « soit maison ou pressoir » ; cette décision exceptionnelle est analogue à celle de l'ancien coutumier d'Artois : « Toutes maisons sont châtel (catheux-meubles), hormis les édéfises qui sont en le mote (2) ». Les moulins à

(1) Commentaire de G. Coquille sur cet article.
(2) *Coutumier d'Artois*, tit. XXXIX, 2. Edition de M. Tardif, p. 90.

vent sont aussi des meubles dans notre coutume ;
celle de Paris (art. 40) les déclare immeubles.

Une autre division des biens, fort importante
dans l'ancien droit, est celle des propres et des
conquêts.

Sont propres (la coutume dit héritages) **(1)**
les immeubles acquis par succession ou donation,
d'un parent de « l'être et côté de l'acquéreur »
(art. 9). En matière de communauté seulement, les meubles donnés sont propres, quel que
soit le donateur, si la libéralité a été faite en considération de la personne du donataire; « si,
comme le dit G. Coquille, le donateur a exprimé
quelque cause spéciale d'amitié » pour lui.

TITRE PREMIER

CONDITION DES BIENS

Parmi les personnes il y avait jadis des nobles,
des bourgeois, des serfs ; on distinguait aussi,
parmi les biens, les fiefs et les alleux nobles dans
la première classe, les alleux roturiers dans la seconde, les censives et autres concessions analogues dans la troisième. Nous suivrons cet ordre

---

(1) Héritage est employé souvent comme synonyme
d'immeuble, art. 3. « Prés quant à l'herbe sont réputés
héritages avant la fête Notre-Dame de mars, après sont
réputés meubles. »

dans l'exposé des règles particulières de la coutume nivernaise sur la condition des biens.

SECTION PREMIÈRE

DES FIEFS

Les fiefs sont les biens de condition supérieure, ce sont des héritages tenus à la charge, de foi et hommage, et de service féodal. Le service militaire fut sans doute à l'origine l'obligation principale du détenteur d'un fief ; au seizième siècle les obligations pécuniaires sont de beaucoup les plus importantes.

Tous les fiefs sont nobles de leur nature et d'après le droit commun, cependant notre coutume (art. 28, ch. IV) distingue deux classes de fiefs : le fief noble « qui a justice ou maison fort, notable édifice, mote, fossés ou autres semblables signes de noblesse »; tous autres fiefs sont ruraux. La distinction n'est pas sans importance, le fief rural seul peut être baillé à cens ou à bordelage.

Les règles du droit féodal étaient partout les mêmes, sauf quelques divergences dans les détails; nous devons nous borner à signaler les dispositions particulières à notre coutume après un exposé très sommaire du droit commun.

Les droits pécuniaires du seigneur de fief se

traduisaient par la perception des profits de mutation. On distingue deux classes de profits : les
uns sont dus lorsque le fief change de mains par
l'effet d'une vente ou d'un contrat analogue : ce
sont les droits de quint; les autres, lorsqu'il y a
changement de vassal par succession, donation,
legs ou échange : ce sont les droits de relief ou
rachat.

Le droit de relief n'existe pas dans la coutume
de Nivernais, aucun texte ne le mentionne, et
l'art. 17 paraît bien l'écarter par cette disposition
générale : « Choses féodales sont réduites à la
nature des patrimoniales quant à succession; en
manière que l'on y succède comme en autres choses, et peut-on prendre possession d'icelles sans
le consentement du seigneur. » C'est bien la conclusion qu'en tirait G. Coquille en citant à titre
de comparaison les coutumes qui admettaient le
droit de rachat (1). Il cite comme la seule exception apportée à l'art. 17 les droits de franc-fief ou
de nouveaux acquêts payés par les roturiers possesseurs de fiefs. Nous avons déjà rencontré quelques points de contact entre notre coutume et les
usages des pays de droit écrit, l'exclusion du rachat nous fournit l'occasion d'un nouveau rapprochement. Le droit de relief est inconnu dans
la plupart des provinces du Midi (2), où les fiefs

(1) *Commentaire sur l'art. 17 et l'art. 1er du chap. IV.*
(2) Dans le Vexin français, à l'inverse du Nivernais, le relief était dû pour toutes les mutations.

sont simplement d'*honneur ;* souvent d'ailleurs, il était remplacé par des droits analogues appelés en certains pays *mutagium*, en Languedoc *arrière-capte* (1). Cette disposition de la coutume n'empêchait pas que le rachat pût être exigé lorsqu'il était formellement stipulé au contrat d'inféodation.

L'absence du droit de relief explique dans une certaine mesure la rigueur de la coutume pour le droit de quint, rigueur qui se manifeste surtout par la multiplicité des cas où ce droit est perçu. La plupart des coutumes imposaient le droit de quint en cas de vente ou de bail à rente rachetable (Paris, art. 23), elles exigeaient seulement le paiement du relief en cas d'échange ; notre coutume étend le droit de quint à l'échange, et G. Coquille justifie cette disposition de la manière suivante : « La vérité est, dit-il, que par échange il y a vraie mutation d'homme, pourquoi est raison que le seigneur prenne profit pour l'approbation et investiture du nouvel homme. » Cela justifie la perception d'un profit, mais non pas la préférence du quint au rachat qui était moins élevé (2). Même rigueur pour la donation (3). « Si

---

(1) Les coutumes de Bourgogne et Bourbonnais, 367, ne connaissaient pas non plus le rachat.

(2) Le rachat est en général d'une année de revenus, le quint est le cinquième du prix ou de la valeur de la chose.

(3) La donation est frappée du droit de rachat par les coutumes de Paris (33), Orléans (14).

la chose féodale est donnée à étranger par quelque donation que ce soit, il y a quint pour le seigneur » (art. 32). A cette règle la coutume apporte plusieurs exceptions; l'art. 32 lui même excepte les donations pures et simples entre parents, sauf si le donataire est tenu d'une charge quelconque; il en est de même pour les donations en faveur du mariage (art. 31), et dans tous les cas où le donataire aurait pu recevoir la chose par succession, au moment où elle lui a été donnée.

Lorsque le vassal vend une rente en l'assignant sur ses biens en général, il n'est pas dû de quint, mais ce droit est dû si la rente est assignée spécialement sur un fief. Cependant il n'est pas douteux que « l'assignat » des rentes ne transférait point la propriété (1). Le quint est exigé dans le cas de partage entre héritiers, s'il y a soulte payée par l'un des copartageants de ses propres deniers (art. 24). G. Coquille explique cette décision bizarre, en faisant observer que, dans le partage avec soulte, il y a une nouvelle mutation d'homme. Le décès avait opéré de plein droit mutation au profit de tous les héritiers; l'un d'eux recevant une part plus considérable, il y a dans la mesure où cette part est prise sur celle de ses cohéritiers une mutation et par conséquent un droit pour le

(1) *Glossaire* de Laurière, « assignal ou assignat ».

seigneur d'exiger le paiement des profits. Enfin,
la disposition la plus exorbitante, et elle l'est
assez pour que G. Coquille la déclare « dure et
rigoureuse », est celle qui frappe la vente à réméré. Dans une vente de cette espèce le seigneur
perçoit deux droits de quint, le premier au moment de la vente, le second au moment du rachat
(art. 23). La coutume de Bourbonnais (1) elle-
même n'a pas suivi l'exemple de cette rigueur.

Nous venons de constater que la coutume de
Nivernais se montrait particulièrement dure en
exigeant le droit de quint dans un très grand
nombre d'hypothèses ; non seulement elle multi-
plie dans l'intérêt des seigneurs les occasions de
le percevoir, mais elle adopte une base de calcul
fort avantageuse pour eux et bien peu en rapport
avec le nom même de ce profit. Dans le droit commun, le quint est le cinquième du prix. « Le quint
denier du prix ou sort principal de la rente », dit
l'art. 23 de la coutume de Paris. Notre coutume
paraît admettre une décision semblable dans l'article 21 des fiefs : « Le seigneur a droit de quint
denier du prix. » Mais à la fin du texte nous lisons : « Ce quint est en montant ; savoir est de
vingt livres cent sols tournois. » La livre se com-
posait de vingt sols, par conséquent cent sols
tournois étaient le quart et non pas le cinquième

(1) Coutume de Bourbonnais, art. 406.

de vingt livres. Comment a-t-on pu arriver à donner au quint la valeur du quart du prix; en d'autres termes, quelle est la signification exacte de l'expression *quint en montant*? Voici le procédé employé : on ajoute un quart au prix principal et le cinquième du total ainsi formé représente le quint. Voilà maintenant une explication fort subtile que nous empruntons à G. Coquille : Le fief appartient à deux personnes, sa valeur totale se trouve divisée en deux parties complètement indépendantes; d'un côté le vassal, de l'autre le suzerain; au premier le domaine utile, au second le domaine éminent, à chacun la faculté d'aliéner ce qui lui appartient. Le prix convenu entre les parties représente le droit du vassal vendeur, c'est-à-dire une fraction de la valeur intégrale; le seigneur, de son côté, peut exiger le prix de sa *directe* (ou plutôt de son consentement), dont la coutume fixe *à priori* le montant au quart du domaine utile. La réunion de ces deux prix, c'est-à-dire le prix fixé par les contractants augmenté du quart, représente la valeur totale de l'immeuble, dont le cinquième revient au seigneur. Il est permis de trouver que cette explication n'explique rien; elle serait peut-être intelligible si le seigneur vendait son domaine éminent, mais il n'aliène rien, il fait seulement payer son consentement à la vente; il est difficile de considérer la valeur de ce consentement comme une partie intégrante du prix de la chose vendue. Quoi qu'il en soit, le procédé du quint en montant était avantageux pour les seigneurs, et nous savons que la coutume de Nivernais a toujours entendu fort bien leur intérêt.

Le seigneur a le choix entre le quint et la retenue (plusieurs coutumes disent retrait), ou droit de conserver le fief, en remboursant à l'acheteur le prix et les loyaux coûts du contrat. La coutume de Paris (art. 20) limite le droit de retenue au cas où le vassal vend son fief, notre coutume (art. 35 des fiefs) l'étend au cas de rente assignée spécialement sur le fief, et à l'échange, lorsque, l'une des parties donnant en échange à l'autre une chose et une somme d'argent, cette somme dépasse la valeur de la chose. Le seigneur peut également retenir le fief lorsque le vassal le donne à bail pour plus de trente années. Le vassal ne pouvait pas non plus sans l'autorisation du suzerain constituer un arrière-fief, ce que l'art. 30 exprime par cette formule : « Le vassal ne peut de son domaine faire son fief. »

L'art. 16 du chap. IV mentionne le droit de requint; dans les anciennes coutumes de Paris et d'Orléans, le requint consistait dans le cinquième du quint, et était originairement payé par le vendeur (1). La coutume de Nivernais donne

(1) L'art. 1er de la nouvelle coutume d'Orléans abolit en termes exprès le droit de requint.

à cette expression un sens particulier. Nous avons déjà dit que la vente à réméré donnait lieu à la perception de deux profits, l'un au moment de la vente, l'autre à l'époque du rachat : ce dernier prend le nom de requint.

Les obligations du vassal comprenaient, en dehors du paiement des profits, la foi et l'hommage (promesse de fidélité), l'aveu et le dénombrement, qui consistaient en une énumération détaillée des droits du suzerain et des devoirs du vassal. Ces obligations avaient pour sanction la saisie féodale et la commise ou confiscation que nous mentionnons pour mémoire; elles étaient de droit commun.

Les art. 13 et suivants contiennent des dispositions particulières sur l'extinction des droits du suzerain. Le vassal ne peut jamais prescrire contre son seigneur; c'est une conséquence de la nature de son titre qu'il ne peut changer de sa propre autorité (art. 13). Un tiers peut prescrire la directe du seigneur féodal, pourvu qu'il y ait eu « diverses ouvertures avec saisies réelles et dûment notifiées » (art. 15). Il faut, en d'autres termes, que le tiers ait conservé le fief en se comportant comme un suzerain, et il aura eu l'occasion d'agir en cette qualité, lorsque le fief se sera trouvé ouvert, c'est-à-dire sans vassal, à diverses reprises.

L'art. 18 fait allusion à la prohibition ancienne

qui écartait les femmes de la succession aux fiefs, en rejetant formellement cette règle, justifiée jadis par les exigences du service militaire, et qui ne pouvait survivre à sa disparition.

SECTION II

DES CENSIVES (1)

Nous ne parlerons pas des biens de condition intermédiaire, ou alleux roturiers, leur nombre devait être fort restreint et diminuer chaque jour par les usurpations seigneuriales. Iis eurent cependant des défenseurs au moment de la rédaction de la coutume, puisqu'elle proclame en faveur des terres une présomption d'allodialité; cette disposition a été suffisamment exposée plus haut, nous l'abandonnons, pour nous occuper des biens de condition inférieure, en commençant par les censives.

Pothier donne une définition assez exacte du cens, en le qualifiant « une redevance en deniers ou en fruits que les possesseurs des héritages qui en sont chargés doivent payer annuellement, en reconnaissance de la seigneurie directe desdits héritages que s'est réservée celui qui les a donnés à cette charge. »

(1) *Coutume de Nivernais*, ch. 5 : « Des cens censives et droits d'iceux ».

Le caractère principal de ces redevances fon‐
cières est de supposer chez celui qui les perçoit
un droit de seigneurie directe, dont la consé‐
quence immédiate est le droit de percevoir à
chaque mutation certains profits (art. 1er, ch. V).
Dans toutes les coutumes, ce droit était sanc‐
tionné par la saisie, un petit nombre d'entre
elles donnaient au seigneur le choix entre la per‐
ception des profits et le retrait. Le retrait censuel
est cependant facile à justifier ; le seigneur, ayant
un véritable droit de propriété sur l'héritage tenu
à cens, devait naturellement intervenir dans l'a‐
liénation. Il n'est pas douteux qu'à l'origine le
prix de son consentement ait été discuté entre les
parties, il pouvait le refuser et conserver l'héri‐
tage en exerçant un droit de préemption. Ce droit
devint plus tard exceptionnel ; l'usage fit admettre
des profits invariables, et la plupart des coutumes,
notamment celle de Paris, consacrent comme
règle absolue de l'aliénation des censives la per‐
ception des droits *de lods et ventes* par le seigneur.
La coutume de Nivernais lui donne la faculté de
choisir, ces droits de mutation, ou *la retenue* (art. 4).
Nous renvoyons sur ce point à ce que nous avons
dit précédemment ; les *lods et ventes* et *la retenue*
en matière censuelle sont soumis aux mêmes
règles que le quint et la retenue en matière féo‐
dale (art. 7), sauf la quotité du droit.

Les art. 2 et 8, chap. V, contiennent une pres‐

cription assez importante, qui avait pour but
d'empêcher l'accroissement exagéré du patrimoine ecclésiastique. L'Église ne pouvait pas *retenir* les censives dont elle avait la seigneurie, son
droit est limité à la perception des profits. Cette
infériorité vis-à-vis des seigneurs laïques était
compensée pour les églises par une élévation sen-
sible du taux des profits ; elles avaient droit au
huitième du prix ou de la valeur de la chose, au
lieu du douzième selon le tarif de droit commun.

La sanction du non-paiement des redevances
ordinaires ou extraordinaires était, avons-nous
dit, la saisie ; elle n'a point dans toutes les coutumes le même caractère. D'après la coutume de
Paris, le seigneur censier peut procéder par voie de
saisie-brandon sur les fruits (art. 74), ou de saisie-
gagerie sur les meubles des maisons censuelles
(art. 86). L'art. 103 de la coutume d'Orléans
donne au seigneur un moyen de coercition directe
lorsqu'il s'agit d'une maison ; il peut contraindre
le débiteur « par obstacle et barreau mis ès
huys ». Notre coutume est plus énergique encore :
l'art. 16 consacre le droit de saisir la chose censuelle, mais cette saisie suppose l'intervention de
la justice et des lenteurs inévitables ; aussi,
donne-t-on au seigneur un moyen simple et
efficace d'obtenir son paiement. Il peut de sa
propre autorité, sans réquisition de justice, « en
maisons abattre l'huys pour la première fois, et

14

s'il est redressé le peut derechef abattre et faire
enlever ». C'est à peu près le système de la coutume d'Orléans, avec cette différence que dans
l'une on ferme la porte « par obstacle et barreau »
et que dans l'autre on l'enlève. S'il s'agit de
fonds de terre, le seigneur a encore le moyen
d'atteindre directement le débiteur du cens en
prenant « les dards (faux), faucilles, socs, ai-
reaux », et en général tous les instruments de
travail pour les faire vendre par autorité de justice. Cette saisie des instruments de travail est
aussi contraire à la saine raison qu'à nos idées
modernes sur l'exécution forcée. La coutume locale
d'Abbeville permettait également au seigneur censier de « faire dépendre » les portes et fenêtres de
la maison censuelle, et, chose curieuse, de les faire
porter en l'hôtel de ville avec défense à l'occupant
de les remettre (1), sous peine d'une amende de
soixante sols. Notre coutume inflige la même
amende au débiteur qui replace des huys ou fenêtres (art. 17).

La coutume de Nivernais reconnaît au détenteur d'une censive le droit d'éviter le paiement
des redevances « en renonçant la chose censuelle » (art. 20), en déguerpissant, comme le disent plusieurs coutumes ; il échappait ainsi à la

_____

(1) *Coutume du Ponthieu*, avec commentaires de Du-
chesne, t. II, p. 216. Le commentateur nous apprend que
cette voie de contrainte n'était plus en usage en 1681.

servitude réelle. Nous avons vu qu'il n'avait
aucun moyen d'échapper à la servitude personnelle.

Le censitaire avait peut-être un autre moyen
de se soustraire aux obligations purement réelles
dont il était tenu, nous voulons parler de la prescription. Nous avons rangé la coutume de Nivernais parmi les coutumes allodiales, et l'art. 1,
ch. VII, déclare en termes exprès qu'il n'y a point
de seigneur sans titre. L'art. 22, ch. V, complète
cette disposition en reconnaissant la prescripti-
bilité du cens ; ces deux décisions concourent à
établir, comme règle générale, la liberté de la
terre. A l'inverse, les coutumes (et c'était le plus
grand nombre) (1), qui présumaient la dépendance des terres, ne pouvaient admettre la prescription du cens, c'est-à-dire un moyen d'acquérir
leur liberté. Nous avons vu comment G. Coquille
avait faussé la signification de l'art. 1, en restreignant son effet à des cas exceptionnels; il devait,
pour être logique, modifier l'application de l'article 22: il le fait, en déclarant que les arrérages seuls sont soumis à la prescription de
trente ans ; le droit de les réclamer, le cens lui-
même, échappe à cette cause d'extinction. Le
texte autorise un peu son interprétation, il
débute ainsi : les cens, lods, ventes et autres

(1) Paris, art. 124. Orléans, art. 263. Blois, art. 35.

droits..., il met donc sur la même ligne les lods
et ventes redevances extraordinaires, et le cens
redevance ordinaire ; on pouvait bien, dans cet
article, entendre par le cens les arrérages eux-
mêmes, plutôt que la seigneurie directe en vertu
de laquelle ils sont perçus. Le jurisconsulte nivernais est tellement convaincu de l'exactitude
de son opinion, qu'il qualifie ses adversaires de
« gens non assez sçavants » ; il raisonne d'ailleurs fort bien : le censitaire, comme tout autre
détenteur précaire, ne peut changer par un fait
personnel la cause de sa possession, il faut un
événement juridique qui lui donne un titre nouveau et serve de base à une contradiction régulière des droits du seigneur. Le motif est excellent, mais il s'applique au censitaire lui-même et
à ses ayants cause ; pourquoi un tiers n'aurait-il
pu acquérir la directe censuelle comme la directe
féodale, par prescription ? La prescription des arrérages n'était pas exceptionnelle, la plupart des
coutumes la connaissaient, plusieurs admettaient
aussi que le cens pouvait se prescrire quant à la
quotité, c'est-à-dire que le fait de payer pendant
un certain nombre d'années des arrérages déterminés établissait au profit du possesseur d'une
censive un droit acquis à n'en point payer davantage. C'est ce que décide l'art. 2, ch. XXXVI,
de notre coutume. Nous ignorons si G. Coquille
exprimait fidèlement les usages du pays ; lui-

même nous permet d'en douter, en déclarant que
la formule employée par le texte avait fait croire
« à plusieurs gens de pratique que la seigneurie
directe censuelle peut se prescrire ». Nous pouvons en conclure que la pratique était contraire
à son opinion ; il a peut-être suivi, en cette occasion, la tendance habituelle qui le porte à effacer
le plus possible les divergences des coutumes ; en
présence d'un texte douteux, il a choisi l'interprétation conforme au droit commun; il paraît
s'être écarté de la vérité, Dumoulin lui en fait le
reproche (1). Nous avons un motif sérieux de supposer que notre commentateur s'est laissé égarer
par le désir d'unifier la législation, si ce n'est par
certaines préoccupations aristocratiques ; ce motif est la disposition formelle de la coutume de
Bourbonnais : « Cens portant directe seigneurie
et autres devoirs annuels sont prescriptibles par
l'espace de trente ans contre gens lais et contre
l'Église par l'espace de quarante » (art. 22). Aucun doute n'est possible, l'art. 18 établit la prescription des arrérages, l'art. 22 celle du cens
lui-même; les deux pays étaient assez voisins,
leurs coutumes assez analogues, pour qu'il soit
permis de croire qu'elles ne différaient pas sur
une question de cette importance. Les textes autorisent cette conjecture, ils sont conçus à peu

---

(1) *Commentaire de la coutume d'Auvergne*, tit. XVII, art. 2.

près dans les mêmes termes, et fixent à la prescription un délai identique. Nous croyons donc pouvoir affirmer que la prescription du cens, quant à la qualité, fut admise dans les anciens usages nivernais (1).

SECTION III

DES BORDELAGES (2)

Les censives n'étaient point la tenure la plus répandue dans la province de Nivernais; il y en avait d'autres d'une condition inférieure, réglementées minutieusement par la coutume, et qui se rencontrent exclusivement dans ce pays et le Bourbonnais, ce sont les bordelages.

Avant d'exposer en détail les règles de la coutume sur ces tenures particulières, il n'est pas inutile d'indiquer l'origine et la signification précise du nom qui les désigne.

Nous trouvons dans la basse latinité plusieurs mots qui présentent avec « bordelage » la plus grande analogie, et peuvent être considérés comme sa forme première. La racine primitive paraît avoir été un vieux mot (allemand d'après

(1) La coutume d'Auvergne admet la prescription du cens quant à sa qualité (art. 2, tit. XVII) et quant à sa quotité (art. 6), par le délai de trente ans; les arrérages se prescrivent par trois ans (art. 7).
(2) Coutume de Nivernais, ch. IV.

G. Coquille, saxon d'après Ducange), *bor* ou
bord (1), qui signifiait domaine, métairie. Cependant le mot latin *borda* était employé comme synonyme de *domus, œdes*; Ducange cite une charte
de 1292, où nous voyons que l'abbé et les moines
d'un couvent s'engagent à fournir à chaque habitant d'une contrée un arpent de terre pour y
élever une maison ou borde, *ad faciendum ibi bor-
dam*. La citation suivante d'un vieux poète ne
laisse aucun doute sur la signification de ce mot :

> N'es-tu plus or recors, de la borde araigneuse
> Dont jadis te mis hors? Une bien plus poudreuse
> T'attend encore, ingrat...

Tel était bien le sens du mot français *borde*,
qui paraît avoir désigné à l'origine une construc-
tion de peu de valeur, située à la campagne. Un
commentateur de la coutume de Normandie (2)
nous apprend que borde était synonyme de ménage, et l'art. 271 de la nouvelle coutume de
1583 traduit le mot ancien de ménage par « ma-
noirs et masures logées aux champs ». Peu à peu,
le mot devint plus compréhensif et s'étendit aux
terres qui environnaient la maison et étaient
baillées avec elle, pour désigner les fermes et
métairies. On arrive alors, en s'éloignant du ra-

---

(1) Bœrde, dans le langage des provinces allemandes,
est encore employé dans le sens de « plaines fertiles».
(2) Pesnelle, t. I, p. 116 à la note.

dical originaire, à *bordaria*, borderie ou ferme, puis à *bordagium* ou bordage (1), nom d'un contrat spécial, ayant pour objet une propriété rurale. Cette tenure, consacrée par l'ancienne coutume de Normandie, inconnue de la nouvelle, paraît avoir été d'une condition inférieure ; le tenancier n'en faisait point l'hommage, et la *borde* lui était baillée « pour faire les vils services de son seigneur » ; il ne pouvait la donner, la vendre ou l'engager sans le consentement du bailleur. Nous trouvons enfin *bordelagium*, bordelage (bourdellaige ou bourdelage dans les anciens manuscrits), que Ducange donne comme synonyme de bordage. Bordelage désigne souvent le contrat lui-même ; on disait « bailler à bordelage », comme « bailler à cens » (art. 1er, ch. VI) ; parfois la chose elle-même, « succéder en bordelage » ; la coutume emploie aussi les expressions « choses

(1) Nous voyons dans le *Répertoire de jurisprudence* de Guyot que « Bordage serait d'après Jacob (*New-law Dictionary*) la même chose que les bordlands ou domaines « que les seigneurs conservaient pour le service de leur « table. — On a donné le nom de bordservice à quelques « tenures pour lesquelles les possesseurs paient au sei « gneur une somme au lieu des provisions qu'ils devaient « jadis fournir à sa table. — Le mot *bordarii* ou *bordvani* « désignait une classe de tenanciers auxquels le seigneur « avait donné une borde ou chaumière, à la condition de « fournir sa table de volailles, d'œufs et d'autres menues « provisions. » Il existe une analogie incontestable entre ces institutions anglaises et le bordelage nivernais, dans lequel nous voyons toujours imposée au tenancier une redevance en nature, grains ou volailles, à côté de la redevance pécuniaire.

bordelières. détenteur ou seigneur bordelier »,
qui sont beaucoup plus compréhensibles.

On peut définir le contrat de bordelage : la concession d'une terre, avec rétention de la seigneurie directe, moyennant le paiement d'une redevance annuelle en argent, grains et volailles (ou
deux de ces choses seulement), et qui était soumise à des conditions rigoureuses.

Le bordelage occupe le degré le plus bas de
l'échelle des tenures; il semble que la rigueur de
sa condition ait été la cause de son succès. Guy
Coquille, dans son histoire du Nivernais, le constate avec amertume : « Aussi, dit-il, est-ce pays
grandement foullé et chargé d'une redevance qui
s'appelle bourdelage, dont la plupart des héritages sont encombrés » ; il énumère ce qu'il appelle « ses duretés » : 1° Un parent ne succède
à un autre, en tels héritages, s'il n'est commun
avec lui. 2° En cas d'aliénation, le seigneur prend
un profit excessif, le tiers denier « en montant »,
c'est-à-dire la moitié du prix. 3° « La tierce du-
reté » est la commise au profit du seigneur par
cessation de paiement pendant trois ans. 4° En
cas de retour, le seigneur prend l'héritage franc
et quitte de toutes charges et hypothèques, même
de la dot et du douaire de la femme. « Bref, dit
le vieux jurisconsulte, on a amassé en ce bourdelage toutes les dures conditions qui sont ès autres tenures d'héritages. » Il en indique une con-

séquence bien grave et assez naturelle : « Les
habitants des pays voisins craignent de s'allier par
le mariage à ceux du Nivernais et de commercer
avec eux. » Voilà une première cause de dépeu-
plement pour le Nivernais, en voici une autre,
plus sérieuse peut-être, et qui résulte aussi directement de la condition rigoureuse des bordelages : les gens des villages, voulant éviter le retour de leurs héritages au seigneur faute d'héritiers, marient leurs enfants très jeunes ; mais
ces mariages prématurés produisent des générations affaiblies, les enfants héritent de l'imper-
fection de leurs auteurs, et, bien loin de les mettre
à l'abri du danger de mourir sans postérité, les
exposent précisément au péril qu'ils voulaient
éviter.

Quels biens peuvent être baillés à bordelage ? —
En recherchant l'étymologie du mot, nous avons
vu que *borde* avait désigné à l'origine une maison
située à la campagne, plus tard et généralement
une ferme ou métairie ; il est naturel de supposer
que le bordelage nivernais, comme le bordage
normand, commença par s'appliquer aux propriétés rurales ; il était avant tout un contrat
d'exploitation agricole. Quoi qu'il en soit, à
l'époque où la coutume fut rédigée, ce contrat
s'était généralisé, et, sortant de son cadre originaire, s'appliquait aux maisons comme aux terres,
aux propriétés urbaines aussi bien qu'aux do-

maines ruraux. L'article 1 de ce chapitre le déclare en ces termes : « Tous héritages, quels qu'ils soient, peuvent se bailler à bordelage. » Nous avons vu Guy Coquille se plaindre du nombre toujours croissant des bordelages ; il donne de leur extension une raison prise sur le vif : « L'avarice d'aucuns, à cause des grands avantages de cette sorte de redevance, a fait entrer les bordelages dans les villes et y a asservi tous héritages. » On avait éprouvé de bonne heure les inconvénients de ces redevances établies sur les propriétés bâties ; aussi, les rédacteurs de la coutume, revenant à la théorie primitive, déclarèrent dans l'art. 30 qu'à l'avenir il ne pourrait plus être constitué de bordelages sur les maisons et héritages situés dans les villes du Nivernais. On voyait en effet des maisons en ruines, abandonnées par leurs possesseurs, et que personne ne voulait occuper, à cause des redevances dont elles étaient grevées. L'influence pernicieuse qu'exerçaient les bordelages dans les cités nivernaises, pouvait s'observer dans les autres parties du royaume, où elle était produite par les constitutions de rente. Charles VII, en 1441, avait déclaré rachetables toutes les rentes établies sur les maisons de Paris, et Henri II, en 1553, étendit la réforme à toutes les villes de France. Le mal était si grand dans la ville de Nevers, que Louis de Gonzague, duc de Nivernais, obtint en conseil privé du roi trois arrêts (en 1577, 1578, 1579), pour l'extinction des redevances bordelières ; le rachat était fixé au denier vingt-cinq ; c'était plutôt une commutation, la redevance bordelière était remplacée par une redevance censuelle fixée à un tiers en plus (1).

Le bordelage s'applique donc à toute espèce de biens ; il ne faudrait pas en conclure que son usage était aussi étendu que celui du bail à rente, et qu'il pouvait comme lui s'établir même sur les biens possédés par des roturiers ; il est essentiellement seigneurial. L'article 2 déclare qu'il *emporte seigneurie directe;* cette expression peut, il est vrai, s'entendre comme synonyme de domaine direct, par opposition au domaine utile. Plusieurs textes ne laissent subsister aucun doute sur le caractère seigneurial des bordelages : les conséquences de ce contrat, retour, retenue, commise, identiques à celles du cens, nous autorisent pleinement à croire que les deux concessions étaient de même nature ; et il est constant que le cens implique chez le concédant un droit de seigneurie. La coutume (art. 13, ch. V) nous offre une application évidente du principe que nous venons d'exposer ; elle décide, dans l'art. 12, qu'un censitaire ne peut pas bailler à cens l'héritage qu'il tient au même titre, la raison en est simple ;

(1) Pour quarante sols de bordelage, soixante sols de cens.

le cens est récognitif de seigneurie, et le censitaire, n'ayant aucun droit de ce genre, ne peut
transmettre à un autre ce qu'il n'a pas. L'art. 13
soumet le bordelage à la même règle, en disant
qu'il ne peut être établi sur une censive; le motif
est semblable dans les deux cas, il faut que le fonds
concédé et la personne du bailleur soient l'un et
l'autre susceptibles de droits seigneuriaux.

Comment s'établissent les bordelages? — Aux
termes de l'art. 1 du ch. VI, le bordelage ne peut
s'établir que par une convention expresse : « Tous
héritages peuvent se *bailler* à bordelage. » Un
seigneur ne pouvait prétendre un droit de cette
espèce lorsqu'il n'avait pas de titre, c'est une
conséquence du principe d'allodialité, et Guy Coquille lui-même la reconnaissait, tout en admettant
comme règle générale, au profit des seigneurs, la
présomption que les terres enclavées dans leurs
domaines en relèvent à un titre quelconque. Il
faut donc un contrat formel, la condition de ces
tenures est même si rigoureuse qu'une simple
reconnaissance émanant du détenteur ne suffit
pas, au dire du commentateur, pour établir l'existence du bordelage; il faudrait au moins plusieurs
reconnaissances, ou un temps suffisant pour la
prescription.

Nature des redevances. — L'examen des redevances stipulées dans les contrats de bordelage
nous révélera le caractère distinctif auquel on

peut reconnaître cette tenure de toute autre concession analogue. L'art. 3 est ainsi conçu : « Pour
bordelage est dû une redevance annuelle qui est
constituée en trois choses ; c'est à savoir, en argent, blé et plume ; ou des trois les deux. » La
redevance en nature est donc de l'essence même
des bordelages, et elle a précisément pour objet
des grains et des volailles, c'est-à-dire des choses
servant à l'alimentation journalière, comme ces
redevances payées autrefois par quelques tenanciers anglais, dont nous avons précédemment
signalé l'existence. Le genre des prestations imposées au preneur à bordelage confirme l'origine
que Guy Coquille assignait à ce mode d'exploitation, en disant qu'il s'appliquait jadis « aux tène-
mens des champs ». La coutume, en posant ces
principes sur les redevances, reproduisait fidèle-
ement les usages de la pratique. Nous voyons, dans
un contrat en latin de 1348, la mention des trois
sortes de prestations : « *pro duobus denariis cum
obolo uno bicheto avene et uno gallo* » ; dans un autre de 1444 : « *sub et pro annuo bourdelagio unius
boisselli frumenti boni et mercabilis ad mensuram de
nivernis, unius quarterii gelline et unius denarii* » ;
on retrouve toujours les trois chefs, l'argent, ne
fût-ce qu'un denier, le blé, et la volaille, ne fût-ce
qu'un quartier de poule. Parfois, comme le dit la
coutume, des trois choses on ne trouve que deux ;
ainsi, un bail à bordelage de 1476 est fait aux

conditions suivantes : « Pour l'annuel et perpétuel bourdelaige de soixante sols tournois et une geline (de *gallina*) bonne et suffisante » ; rarement la poule est oubliée ; on en trouve cependant des exemples (1). La redevance bordelière étant payable en nature, on devait se demander quel blé devait payer le preneur. La question fut soulevée et Guy Coquille l'examine longuement (question 53). L'intérêt du seigneur était d'exiger le meilleur blé, celui du tenancier de donner le moindre. Le judicieux commentateur fait une distinction : si la terre baillée ne produit pas de blé, le preneur donnera du blé de moyenne qualité ; si elle en produit, il pourra payer la redevance en blé récolté sur le fonds, peu importe la qualité.

La règle de l'art. 3 n'a que la valeur d'une présomption ; la volonté des parties demeure souveraine et l'on peut concevoir un bordelage véritable avec une seule des prestations indiquées, mais alors il faut une convention formelle. Dans le doute, le contrat devait s'interpréter comme un établissement de cens. En eux-mêmes ces deux contrats pouvaient présenter une grande analogie, le censitaire devant parfois, avec une somme d'argent, une prestation en nature ; mais l'exis-

(1) Saint-Parize-le-Châtel, 1583 : « Soulz l'annuel et perpétuel bourdellaige de la somme de deux sols six deniers et un boisseau aveine mesure dudit Saint-Parize, payable chacung an par ledit preneur et sesdits hoirs audit bailleur, au jour d'une chacune fête de Saint-Martin d'hiver. »

tence de cette double redevance établit une présomption inverse de la précédente en faveur du
bordelage. La dette du preneur était aggravée par
l'obligation de porter les redevances en l'hôtel
du seigneur, lorsqu'il n'était pas éloigné de plus
de quatre lieues (art. 10) ; cette obligation est
une reconnaissance du droit de seigneurie qui
appartient au bailleur.

Guy Coquille nous apprend que le terme le plus
ordinaire du paiement était la fête de la Saint-
Martin (11 novembre); on retrouve encore actuellement dans le Nivernais des traces nombreuses
de ces anciens usages, bien que les baux contiennent plus souvent aujourd'hui l'indication du
1er novembre comme échéance de la moitié du
fermage annuel.

La coutume de la Marche (art. 124) mentionne
des redevances analogues à celles du bordelage,
et qui ont l'effet singulier d'imposer à qui les
paie la qualité personnelle de serf. « Quiconque
doit à son seigneur, à cause d'aucun héritage,
argent à trois tailles payable à trois termes,
avoine et geline chacun an, il est réputé serf
coutumier s'il doit tels devoirs à homme lay, et
s'il les doit à l'Église, il est réputé homme mortaillable ». Nous retrouvons les mêmes redevances
dans l'art. 489 de la coutume de Bourbonnais;
celui qui doit « argent, bled et geline ou des trois
les deux dont l'argent soit l'un », est tenu de ce

que la coutume appelle : « devoir de taille réelle ». Le nom même de bordelage était connu dans une partie du Bourbonnais qui avait été comprise autrefois dans le Nivernais (art. 498 et suiv.).

La condition des bordelages est, en ce qui concerne les redevances, moins dure que celle des tailles réelles du Bourbonnais et des tenures spéciales de la Marche; les tailles dues en août, ou tailles réelles, sont « doublans et tierçans au regard de l'argent », c'est-à-dire le détenteur paie une année le simple, la seconde une moitié en plus, la troisième le double, soit 7 sols tournois la première, 7 sols et 6 deniers la seconde, 10 sols la troisième (art. 495) L'art. 126, coutume de la Marche, consacre un système analogue.

Les redevances et l'époque du paiement sont, en général, les seuls points réglés par le contrat de bordelage; les parties renvoient, quant au surplus, aux dispositions de la coutume.

Condition des bordelages. — La première obligation du détenteur d'un bordelage est de payer la redevance, elle est particulièrement rigoureuse; aux termes de l'art. 4, le défaut de paiement pendant trois années consécutives entraîne la commise (1), c'est-à-dire la confiscation au profit

(1) L'art. 502 (coutume de Bourbonnais) reproduit cette règle en la déclarant spéciale à la châtellenie de Germiny,

du seigneur. Mais, lorsque le preneur originaire vient à mourir, ses héritiers peuvent ignorer l'existence du bordelage, aussi la coutume ne veut frapper, comme le dit G. Coquille, que « la mauvaise foi et vraie contumace », et elle décide que le délai de la commise courra contre les héritiers dans le cas seulement où ils ont commencé à payer les redevances pendant deux années au moins.

La commise a lieu de plein droit et le bailleur se trouve saisi de la chose à l'égard des tiers avant toute appréhension de fait (art. 6). Cependant il ne peut pas lui-même expulser le possesseur, il doit s'adresser à la justice, à moins toutefois que le contrat ne lui réserve le droit d'expulsion (art. 7). Ce mode d'exécution est bien supérieur au moyen violent de coercition que pouvait employer le seigneur contre le censitaire pour obtenir le paiement des profits (art. 16, *Des cens*). Malgré la commise, le détenteur doit payer tous les arrérages échus antérieurement, puisqu'il a perçu les fruits (art. 9). Le paiement accompli avant que le propriétaire ait cité le possesseur en justice, ou pris possession effective de la chose, anéantit de plein droit la commise encourue, il purge la demeure (art. 8).

A côté du paiement de la redevance, nous

qui, ayant fait partie du Nivernais, était encore régie par la coutume de cette province.

trouvons les obligations, qui ont pour objet l'entretien et la culture de l'héritage. Le principe est posé en ces termes par l'art. 15 : « Le détenteur bordelier peut amender et ne peut empirer ou détériorer la chose bordelière. » Ces mots fournissent à Guy Coquille l'occasion de faire un rapprochement entre le bordelage et l'emphytéose romaine; l'art. 15 paraît une traduction du nom même d'emphytéose. Le contrat romain avait pour objet des terres incultes que le preneur s'engageait à améliorer par des plantations ; en les faisant, il se bornait à remplir son obligation, et ne pouvait pas, sans la violer, arracher ou détruire les arbres plantés. La coutume exprime une règle identique en déclarant que, dans le cas où le détenteur de l'héritage aurait lui-même bâti des édifices, planté des arbres ou fait d'autres améliorations, il ne peut les anéantir. Cette observation enlève à la condition des bordelages une partie de la rigueur qu'on lui attribue ; on doit avant tout considérer cette tenure comme un bail perpétuel avec les caractères de l'emphytéose. Les redevances en nature imposées au preneur, les améliorations qu'il doit faire et ne peut détruire, naturels dans un bail temporaire, paraissent injustifiables lorsque sa durée est illimitée. Cela se comprend aisément, en s'éloignant du contrat originaire de concession, on le perd insensiblement de vue. Après quelques générations, les détenteurs oubliaient le droit du concédant pour ne voir que le leur. Ils pouvaient alors considérer comme un abus de la force, comme une tyrannie, de ne pouvoir transformer leurs héritages en toute liberté. Cette tendance se manifesta en 1789 ; des voix nombreuses s'élevèrent pour réclamer l'abolition, sans indemnité, de tous les droits féodaux indistinctement, on ne manqua pas de le faire pour les bordelages (1). Les redevances bordelières semblaient à cette époque le résultat du despotisme ; nous avons vu qu'elles étaient ordinairement la conséquence d'un bail, d'une convention formelle. Aussi le tiers-état du bailliage de Nevers, mieux inspiré que celui de Saint-Pierre-le-Moûtier, se bornait-il à recommander à ses délégués, dans l'art. 7 des Instructions particulières, de demander la faculté de « commuer les bordelages ».

En définitive, le détenteur doit jouir en bon père de famille, telle est l'interprétation que donne G. Coquille de l'art. 15, en décidant que le preneur a le droit d'arracher les vieux arbres pour les remplacer par d'autres.

Si le preneur a manqué à ses devoirs, le sei-

---

(1) Nous lisons dans les cahiers de la chambre du tiers-état de Saint-Pierre-le-Moûtier, art. 72 : « Que tous les vestiges de la servitude personnelle et du despotisme féodal, tels que les bordelages, soient et demeurent supprimés. »

gneur peut revendiquer les choses qui auraient été distraites du fonds pour les faire rétablir à leur place, non point pour se les approprier. Il peut, en outre, réclamer des dommages-intérêts.

Le détenteur ne pouvant rendre pire l'héritage, il était naturel de lui refuser le droit de le démembrer, c'est-à-dire de faire des aliénations partielles sans l'approbation du seigneur; il s'agit seulement d'aliénations perpétuelles, et d'après notre commentateur, tout acte de disposition fait pour moins de trente ans était réputé temporaire. La sanction de l'art. 11 est la nullité de l'aliénation faite en violation de ces règles, le droit de contraindre par justice le détenteur à remettre les choses en leur premier état dans l'an et jour et, faute d'obéir à l'injonction dans ce délai, la commise de plein droit. Par exception, la division est permise entre plusieurs « bordeliers » qui tiennent des héritages distincts d'un ou plusieurs seigneurs et par divers contrats (art. 14).

Le possesseur d'un bordelage n'a donc point la faculté d'aliéner en partie, il pouvait vendre la chose entière sans l'intervention du seigneur, ou plutôt, son consentement, nécessaire, était toujours obtenu en payant un profit. Le seigneur avait le droit de retenir l'héritage à certaines conditions (c'est le droit de préemption du bail-

leur à emphytéose) (1). Il ne perd point d'ailleurs
à la vente, il reçoit le tiers denier du prix, et
l'on entend ce droit comme le quint en matière
d'aliénation de fiefs, c'est le tiers denier « en
montant », c'est-à-dire la moitié du prix. Nous
avons expliqué plus haut ce système, nous ferons remarquer que ce droit était fort élevé,
aussi le bon G. Coquille ne peut s'empêcher de
dire : « Ce qui est bien dur, mais la loi est telle »
(art. 23). Le seigneur peut conserver l'héritage
en désintéressant l'acheteur (art. 24). Le tiers
denier et la retenue s'appliquent aux bordelages
dans les mêmes hypothèses que le quint et le retrait aux fiefs, les lods et ventes et la retenue aux
censives. Nous avons vu que l'Église ne pouvait
retenir les censives dont elle avait le domaine
direct, elle peut, au contraire, retenir les bordelages comme les fiefs (art. 25). La coutume de
Bourbonnais, exigeant le consentement du seigneur pour l'aliénation, n'avait pas à lui accorder
la retenue ; elle prononçait la commise contre le
détenteur qui aliène sans autorisatiom, et permettait ainsi au seigneur d'élever arbitrairement
le prix de son consentement, c'est le système primitif du *laudemium* emphytéotique (2).

(1) La coutume de Bourbonnais interdit au possesseur
d'un « héritage taillable » d'aliéner (art. 490) et même
d'hypothéquer (art. 494), sans le congé du seigneur.
(2) Bourb., art. 490. *Id.*, Marche, art. 66.

Voilà pour les aliénations entre-vifs quelle était la règle pour les testaments ; la coutume ne contient aucune disposition formelle sur ce sujet. L'exclusion des parents non communs de la succession *ab intestat* était un motif de refuser au possesseur le droit de disposer par testament à leur profit (art. 18). La jurisprudence paraît avoir admis cependant que les biens tenus en bordelage pouvaient être légués à des parents non communs (1).

A côté des aliénations proprement dites, se placent les transmissions par décès. Nous avons déjà fait connaître la disposition exorbitante de la coutume sur ce sujet. Deux conditions sont indispensables pour recueillir par succession un bordelage : il faut être héritier du défunt selon les règles portées au chapitre des successions ; il faut ensuite avoir été commun avec lui au temps du décès « par communauté coutumière ou convenue ». Guy Coquille, dans sa question 58, étudie les caractères de la communauté requise, et il conclut qu'il est suffisant d'être « en la même famille et ménage », c'est-à-dire, d'avoir vécu en société de fait. Cette exigence paraît dure et semble écrite dans l'intérêt exclusif des seigneurs. Tel ne fut point son objet, s'il faut en croire les

_____

(1) Denisart cite en sens contraire un arrêt du 17 mars 1740. Guyot, *Répertoire de jurispr.* et Ducher, sur l'art. 499 coutume de Bourbonnais, citent en faveur de la validité du legs un arrêt du 19 mai 1759.

explications de notre judicieux commentateur.
On a voulu, dit-il, en adoptant cette règle, diminuer le nombre des partages entre les membres
des familles de cultivateurs; c'était le moyen
d'imposer dans une certaine mesure la vie en
commun, que l'on considérait comme essentielle
à la prospérité des campagnes. Le partage était
la ruine « des maisons de village »; pour l'éviter,
on donne aux membres de la famille un intérêt
considérable à vivre en communauté. Dès lors
que l'art. 18 avait surtout pour but d'obvier aux
inconvénients de la division des biens, n'était-il
pas équitable de l'écarter dans tous les cas où le
même danger n'était pas à craindre, c'est-à-dire
lorsque la succession n'aboutit pas à un partage?
Ce système proposé par G. Coquille obtint quelque succès dans la pratique; nous voyons en effet
dans les registres de la municipalité une délibéra-
tion de 1576, portant pouvoir aux échevins d'intervenir dans un procès à Paris, pour soutenir que
l'art. 18 n'a point une portée absolue, et que le
retour du bordelage au seigneur n'a pas lieu
quand les biens ne sont pas partagés.

La règle comportait d'ailleurs d'après la coutume elle-même deux exceptions : la première en
faveur des descendants en ligne directe, qui succèdent alors même qu'ils vivaient séparés de leur
auteur (1); la seconde, dans le cas où il a été con-

(1) L'ancienne coutume de 1490 ne contient pas cette

venu au moment du bail que les héritiers pourraient succéder sans avoir la qualité de communs,
partis et non partis (art. 20).

Si aucun des lignagers du défunt ne réunit les
conditions précédentes, l'héritage qu'il possédait
à titre de bordelage fait retour au seigneur, avec
tous les fruits pendants à l'époque de l'ouverture
de la succession (1). Le seigneur peut aussi recourir contre les héritiers si la chose n'est pas en
état suffisant (art. 21). Il existe un autre cas de
retour : le détenteur peut abandonner la chose
quand il lui plaît, en payant les arrérages échus
et les profits de mutation, à la condition de laisser
la chose en bon et suffisant état (art. 16). Ce
n'est pas d'ailleurs un abandon pur et simple,
mais une remise régulière de l'héritage, entre les
mains du seigneur, ou en justice, dans les formes
prévues par l'art. 17.

Le bordelage est prescriptible comme le cens ;
nous renvoyons aux explications déjà données.

L'art. 26 est applicable à toutes les tenures, il
établit une sorte de prescription en faveur du tenancier qui, après trente ans, ne peut pas être
contraint de produire son titre, ni inquiété de ce

exception et la coutume de Bourbonnais ne la mentionne
pas dans l'art. 492, où nous lisons : « Nul ne succède en
héritage taillable, soient ses propres enfants ou autres,
s'ils sont divisés et séparés d'ensemble. »

(1) La mort par justice ne donne pas lieu à la réversion ;
la tenure est confisquée par le haut justicier, art. 6, ch. II.

chef; mais le seigneur peut exiger de lui une re-connaissance. Le texte est obscur, voici, croyons-nous, sa signification : la possession de trente ans du domaine utile crée un droit opposable au seigneur direct. Celui-ci ne peut expulser le possesseur en prétendant qu'il n'a point de titre, mais il conserve la faculté d'exiger de lui une reconnaissance de son droit de seigneurie et des redevances qui lui sont dues.

Il nous reste à mentionner deux articles du chapitre des bordelages. L'art. 27 est écrit dans l'intérêt des communautés : si un membre d'une communauté prend un héritage à bordelage, ses parsonniers y ont de plein droit leur part, sauf opposition du seigneur; et en cas d'opposition le preneur doit récompenser les autres communs ; on a voulu par là maintenir l'égalité entre les associés et par suite la bonne harmonie dans la communauté. L'art. 29, au contraire, est conçu dans l'intérêt des seigneurs, il déroge à l'art. 20, chap. VIII, pour revenir au droit commun, en refusant à la femme un douaire sur les terres que son mari tenait en bordelage. G. Coquille restreint son application en concluant de ses derniers mots, « au préjudice du seigneur», que la femme prendra son douaire même sur les bordelages, lorsque le seigneur, étant écarté par un héritier, ne subit aucun préjudice par l'attribution d'un douaire à la femme.

SECTION IV

DES CHAMPARTS (1)

Nous abandonnons la condition des tenures proprement dites pour étudier sous le titre : des champarts, une disposition originale de la coutume qui se rattache aux précédentes en ce qu'elle a pour objet la culture des terres. Le nom même de champarts était en usage dans quelques autres pays (2) ; son étymologie, *campi pars*, indique sa signification, nous verrons que même en Nivernais il désigne un partage de fruits ; on rencontre parfois employé comme synonyme de champart le mot terrage (Orléans) ou agrier (Marche, 329). La redevance de champart n'est pas toujours bien distincte du cens ; nous n'entrerons pas dans le détail des difficultés soulevées par cette question (3), il nous suffira de donner une idée générale du droit commun pour lui comparer notre coutume. Le champart proprement dit est une redevance en nature, payée au propriétaire d'un fonds par le possesseur en exécution d'un bail. Le champart comme la dîme consiste en une fraction, variable suivant les contrées, de la récolte du

(1) Ch. XI, Des champarts et parties.
(2) Orléans, tit. IV. Berry, *des Droits prédiaux*, n° 23.
(3) Elles sont exposées longuement dans l'*Encyclopédie méthodique*.

fonds. Bref, il se présente comme le résultat d'une convention, comme une espèce de fermage. (Les usurpations seigneuriales ont sans doute beaucoup étendu son application comme pour la plupart des redevances foncières.)

Tel n'est point le caractère du champart nivernais, il n'apparaît pas comme un bail; tout au plus, pourrait-on le considérer comme un bail tacite; nous verrons qu'il est difficile de sous-entendre le consentement des deux parties intéressées. Dans le champart conventionnel le seigneur peut, lorsque le preneur néglige pendant trois années de cultiver les terres, les mettre lui-même en valeur et faire les fruits siens (cout. d'Amiens, 195-196); la coutume de Nivernais généralise cette règle dans le chap. XI et décide que « chacun peut labourer terres ou vignes d'autrui non labourées par le propriétaire sans autre réquisition... jusqu'à ce que le propriétaire lui en fasse défense » (art. 1er). Cet usage nous autoriserait par lui-même à supposer qu'un nombre considérable de terres restaient incultes dans la province; le témoignage de G. Coquille ne laisse aucun doute à cet égard. Le jurisconsulte n'est pas indulgent pour ses compatriotes ; pour lui, cet usage est une conséquence de la paresse des habitants du Nivernais, qui préfèrent laisser en friche les terres arables, pour s'adonner exclusivement à l'élevage du bétail, moins fatigant, moins coûteux et plus productif.

Par conséquent, toute personne peut cultiver les terres incultes, à la seule condition de payer à leur propriétaire les droits de champart ou partie (1), selon les usages locaux.

L'intérêt général pouvait seul justifier cette usurpation de propriété, aussi devait-on l'interpréter, comme toute exception, en évitant d'étendre sa portée. Une terre est réputée en friche dans le cas seulement où il est évident, vu la saison, que le propriétaire se rend coupable de négligence en ne labourant pas. Il peut se faire qu'il agisse ainsi avec intention, aussi a-t-il toujours le droit de s'opposer à l'intervention d'autrui, mais il doit au moins signifier sa défense en temps opportun. Il ne serait plus recevable s'il avait déjà laissé s'accomplir un premier labeur, car on pourrait avec raison le soupçonner d'avoir retardé par calcul sa réclamation. Nous empruntons ces décisions équitables au judicieux commentateur de la coutume.

Les droits de champart, généralement peu élevés, étaient tantôt de la tierce gerbe, tantôt de la quatrième ou de la septième gerbe ; le propriétaire recevait une gerbe sur trois, quatre ou sept que récoltait le possesseur. Cette répartition inégale des produits d'une terre entre la per-

(1) Le mot « parties » désigne spécialement le droit en nature payé pour la culture d'une vigne.

sonne qui a sur elle un droit véritable et celle
qui n'a d'autre titre qu'un fait, nous montre que
la part du travail dans la production de la récolte
paraissait jadis bien supérieure à celle du fonds
lui-même ; cela peut expliquer dans une certaine
mesure qu'on ait laissé volontiers sans culture
des terres aussi ingrates et difficiles à rendre
productives.

Le fermier sans bail, qui cultive une terre à
champart, est obligé de conduire au propriétaire
la portion des fruits qui lui revient, s'il n'est pas
éloigné de plus d'une demi-lieue (art. 2) (dans le
champart du droit commun les fruits ne sont jamais portables) ; il est d'ailleurs obligé d'appeler
le propriétaire pour faire le partage. La coutume
dit que ce partage s'accomplit en présence du
seigneur, mais il s'agit, non pas du seigneur du
lieu, mais bien du propriétaire ; nous voyons en
effet, dans la suite du texte, que le « seigneur *propriétaire* », lorsqu'il s'agit d'une vigne, est tenu
d'aller ou d'envoyer chercher sa part au lieu de
la récolte et à ses frais.

Enfin, la coutume, en admettant une règle exceptionnelle dans l'intérêt public, n'entend point
favoriser les usurpations de propriété ; et l'art. 3
déclare que le fait de labourer les terres à champart ou partie ne servira jamais de fondement à
l'acquisition d'un droit de possession ou de propriété par prescription. C'est l'application de

cette ancienne règle que l'on doit toujours, en matière de prescription, considérer le commencement de la possession ; la cause originaire ne peut être remplacée par une autre qu'en vertu d'un acte juridique véritable ; le laboureur qui a commencé à payer le champart s'est constitué détenteur précaire, un titre nouveau seul pourrait lui permettre d'acquérir la propriété.

On peut considérer comme une généralisation de l'usage nivernais des champarts, des édits de janvier et octobre 1713, qui permirent aux syndics et habitants des paroisses d'affermer les terres laissées en friche par leurs propriétaires, à la charge de leur dénoncer ce fait.

TITRE II

DE LA TRANSMISSION DES BIENS (1)

La condition des terres et les diverses redevances dont elles pouvaient être grevées nous ont fourni l'occasion de longs développements ; nous aurons beaucoup moins à dire sur la transmission des biens, la coutume de Nivernais s'écarte peu, dans cette matière, du droit commun coutumier.

(1) Chapitres XXVII, XXXI, XXXIII, XXXIV de la coutume.

SECTION PREMIÈRE

DES DONATIONS ET TESTAMENTS

I. — La coutume de Nivernais, à l'exemple du droit romain, reconnaît la donation à cause de mort comme distincte du testament (1) (art. 5, ch. XXVII), sauf cependant à l'égard de la quotité disponible (art. 4). La donation à cause de mort n'attribue d'ailleurs jamais la saisine au donataire, en cela elle se rapproche du legs particulier. Cette question présente un intérêt historique assez lointain ; l'ordonnance de 1731 vint effacer les divergences des anciennes coutumes en faisant disparaître la donation à cause de mort du nombre des institutions juridiques reconnues. Si nous avons relevé cette particularité peu importante, c'est surtout parce qu'elle est un indice de l'influence du droit romain sur notre coutume.

II. — La donation entre vifs était dans la province de Nivernais, comme dans toutes les autres, telle qu'elle nous apparaît dans le Code civil, dominée par la règle célèbre : donner et retenir ne vaut (art. 1, ch. XXVII).

Parmi les usages divers auxquels se prêtent les

(1) La coutume de Paris assimilait la donation à cause de mort et le legs (*Inst. de Loysel*, édit. Dupin, nº 666).

donations, l'un des plus importants et des plus
utiles est, sans contredit, de permettre aux pères
et mères d'avantager un ou quelques-uns de
leurs enfants au préjudice des autres. Cet usage
paraît contraire aux principes d'égalité dont notre
législateur moderne, inspiré par les idées révolu-
tionnaires, semble avoir pris à tâche d'imposer
la mise en pratique absolue. Il devait obtenir le
plus vif succès dans l'ancien droit, où le désir
d'assurer la grandeur des familles était la préoccupation dominante ; nous en trouvons la preuve
dans les avantages que faisaient toutes les coutumes à l'aîné dans les familles nobles. Chez les
roturiers, on ne jugeait pas nécessaire de créer à
l'un des enfants une situation exceptionnelle
pour qu'il représentât plus dignement la famille ;
on n'avait pas à assurer la puissance traditionnelle d'une race ou la splendeur d'un nom célèbre,
la nature et avec elle l'égalité reprenaient leurs
droits. Le plus grand nombre des coutumes as-
suraient le maintien de l'égalité entre les enfants
non nobles, en prohibant tout acte de disposition
qui aurait eu pour effet d'y porter atteinte. Les
unes (1), appelées coutumes de simple égalité,
obligent les enfants à rapporter tout ce qu'ils ont
reçu de leurs père et mère, lorsqu'ils viennent à
la succession ; ils peuvent, au contraire, en con-

(1) Paris, art. 303. Orléans, art. 273. Blois, art. 167.

server le bénéfice par la renonciation, pourvu que leurs frères et sœurs reçoivent la légitime à laquelle ils ont droit. Les autres, connues sous le nom de coutumes d'égalité parfaite, refusent aux enfants même le droit de conserver les dons qu'ils tiennent de leurs auteurs, en renonçant à la succession. La coutume de Nivernais consacre avec quelques autres seulement (1) un troisième système, qui a été adopté par le Code civil. En principe, toutes les donations faites aux enfants sont sujettes à rapport, mais les père et mère peuvent les dispenser formellement de cette obligation : « Sinon que lesdits père et mère eussent donné par préciput ou inhibé le rapport ou collation de la chose donnée » (art. 11, ch. XXVII). La faculté d'avantager l'un des enfants présente une autre utilité que celle d'assurer « la splendeur du nom »; elle est pour les parents la sanction indirecte de leur autorité, en leur permettant de faire subir aux enfants qui la méprisent une réduction de leur part héréditaire; ce motif seul l'a fait adopter par le Code civil.

Il y a dans la coutume comme dans le Code une restriction certaine aux dispositions par préciput; les enfants recevront dans tous les cas la légitime, c'est-à-dire une part réservée dont ils ne peuvent pas être privés. La coutume ne fixe

(1) Berry, tit. VII, art. 10. Bourbonnais, art. 217.

point la quotité de la légitime, on appliquait vraisemblablement le système du droit romain du
Bas-Empire, qui fait varier la légitime avec le
nombre des enfants, et qui était suivi dans les
provinces méridionales. G. Coquille autorise cette
conjecture en proposant, pour le cas où l'on pro-
céderait à une nouvelle rédaction, d'adopter le
système de la coutume de Paris, qui fixe la légitime à la moitié de la part héréditaire. Il voulait
ainsi ramener sa coutume au droit commun.

III. — A côté des donations nous devons mentionner les dons mutuels, qui étaient reconnus
dans la plupart des coutumes comme une exception à la règle générale de la prohibition des donations entre époux. Sans entrer dans le détail de
cette prohibition, il n'est pas inutile de rappeler
qu'elle avait pour but d'éviter les entraînements,
les abus d'influence que l'un des époux serait
tenté de mettre à profit pour obtenir de l'autre
une libéralité. Le don mutuel écartait ce danger ;
la première condition de sa validité était la réci-
procité et l'égalité de la donation que chacun des
époux faisait à l'autre ; il fallait, en outre, qu'il
n'y eût point d'enfants. La coutume de Nivernais (art. 27, ch. XXIII) exagère les précautions
et subordonne l'effet du don mutuel aux conditions les plus propres à assurer l'indépendance
de chacun : « Il faut que les époux n'aient aucun
enfant, soient franches personnes, sains et non

malades, pareils en âge, tout au moins que l'un
ne soit âgé de dix ans plus que l'autre ; et valent
lesdits dons mutuels jusqu'à égalité d'iceux. »
L'exigence de l'égalité d'âge paraît avoir été spéciale à notre coutume.

Il nous reste à présenter une remarque sur
l'effet du don mutuel, et l'étendue des dispositions autorisées dans cette forme. La plupart des
coutumes, à la suite de celle de Paris, autorisent
une simple donation d'usufruit des meubles et
des conquêts immeubles ; notre coutume, beaucoup plus large, en raison même des précautions
dont elle entoure le don mutuel, permet la disposition, en pleine propriété des meubles et conquêts, et en usufruit seulement des biens propres (1).

IV. — Dans le chapitre des Testaments (ch.
XXXIII), nous signalerons l'art. 10 qui donne à
la règle coutumière : institution d'héritier n'a
lieu, une portée exceptionnelle. Il prononce la
nullité de l'institution alors que les coutumes lui
attribuaient en général la valeur d'un legs, c'est-
à-dire déclaraient simplement qu'il n'y a point
en France d'institution d'héritier semblable à
celle des lois romaines, qui était un élément nécessaire à la validité du testament.

---

(1) Le don mutuel était d'ailleurs un gain de survie conventionnel, il ne produisait son effet qu'après le décès de
l'un des époux.

SECTION II

DES SUCCESSIONS

Notre coutume peut être classée parmi les « coutumes de côté et ligne » ; elle consacre le système généralement suivi et ne présente sur ce sujet que quelques règles dignes de fixer l'attention.

1. — Elle reconnaît le privilège de masculinité, c'est-à-dire l'exclusion des femmes par les hommes à égalité de degré. Ce privilège fut à l'origine une règle de droit commun pour la succession aux fiefs ; elle se justifiait assez par la nature des obligations imposées au vassal, obligations que ne pouvaient remplir utilement les femmes. Ces motifs n'existaient point dans les successions roturières, où la prérogative attachée au sexe devenait une criante injustice ; la plupart des coutumes l'avaient écartée.

Les anciens cahiers de 1490 admettaient le privilège de masculinité en ligne collatérale, sans limitation aucune, et dans tous les cas « le mâle forclost la femelle en pareil degré ». La rédaction de 1534 est moins absolue (art. 14, ch. XXXIV). La sœur est exclue par le frère sur tous les biens de la succession ; les enfants du frère prédécédé écartent leur tante de la succession aux immeu-

bles seulement, elle succède aux meubles comme
plus proche parente; enfin, si la tante est elle-
même décédée, les enfants du frère excluent
leurs cousins germains tant sur les meubles que
sur les immeubles. Bref, le privilège de masculinité s'applique en ligne collatérale jusqu'au
degré de cousin germain inclusivement (1).

II. — Nous trouvons encore un autre privilège,
celui du double lien ; il consiste dans un avantage
accordé aux héritiers qui se rattachent au défunt
des deux côtés, paternel et maternel, sur ceux
dont la parenté vient d'un seul côté; ou, pour
employer les termes du Code civil, la préférence
des germains aux utérins ou consanguins. Aux
termes de l'art. 16, le privilège du double lien appartient aux frères et sœurs, et aux cousins
germains parents des deux côtés, qui excluent les
consanguins et utérins de la succession aux
meubles et aux conquêts immeubles ; « les héritages anciens (propres) appartiennent toujours
au plus prochain de la ligne et être dont ils sont
partis (2) ».

III. — Le privilège successoral le plus répandu
dans l'ancienne France était certainement le droit

(1) L'ancienne coutume d'Orléans, art. 45, contenait une
disposition analogue.
(2) Les coutumes de Bourgogne et Bourbonnais admettent l'application du privilège de double lien sur tous les
biens, et la seconde sans aucune limitation de degré, « tant
que la ligne des germains dure » (art. 313).

d'aînesse ; notre coutume le reconnaît « entre
« gens nobles vivant noblement en ligne directe
« seulement et quand la chevance du défunt vaut
« cent livres de rente ». La condition de fortune
était facile à remplir, mais la coutume exige en
outre la noblesse comme qualité personnelle chez
le défunt et ses héritiers; dans le droit commun,
au contraire, si toutefois il y eut un droit commun
en cette matière, le droit d'aînesse s'appliquait à
tous les héritages nobles, c'était la noblesse
réelle; tel fut sans doute le droit primitif, puisque
le privilège d'aînesse eut pour objet et pour raison
d'être, d'assurer le service du fief. La décision
de notre coutume est une des innombrables
variantes qu'offre la pratique du droit d'aînesse.
La part avantageuse de l'aîné comprend « la
meilleure maison, le meilleur fief et le meilleur
homme de condition si aucun y a », ces deux
derniers objets au choix de l'aîné.

Lorsque plusieurs filles viennent à une succession, elles partagent également, l'aînée ne reçoit
aucun préciput. C'est le droit commun; la coutume s'en écarte en rejetant formellement l'application du droit d'aînesse dans la succession
aux femmes (art. 2, ch. XXXV), tous les enfants
ont une part égale dans la succession de leur
mère. C'est un souvenir de la famille agnatique
romaine, qui ne comprenait pas les descendants
par les femmes, si bien que dans le droit ancien

le fils n'héritait point de sa mère. La règle exceptionnelle de la coutume avait une raison d'être plus féodale; les femmes ne transmettant pas leur nom à leurs enfants, il n'y avait point le même motif pour rompre l'égalité naturelle au profit de l'aîné, dans la succession de la mère, comme dans celle du père (1).

A côté du droit d'aînesse, nous placerons une règle qui le complète et tend au même but, l'exclusion des filles *apanées* (2) ou dotées (art. 24, ch. XXIII). Il était d'usage à peu près général dans les familles nobles de faire renoncer les filles, par contrat de mariage, à la succession de leurs parents, au profit des enfants mâles; on admettait même la renonciation tacite résultant de ce que la fille avait reçu une dot, ne fût-ce qu'un *chapel de roses*, disaient quelques coutumes. L'article 24 précité admet l'exclusion des filles dotées, en règle générale, applicable aux roturières comme aux nobles (3); seulement, il leur réserve le droit de réclamer, dans les successions dont elles sont exclues, le complément de leur légitime.

IV. — L'art. 8, ch. XXXIV, reproduit la maxime : « propres ne remontent point », en lui donnant une portée qui rappelle le sens primitif de

(1) G. Coquille sur l'art. 2.
(2) De *panis*, aliments.
(3) Cela résulte de l'insertion de cette règle au chapitre, des droits des gens mariés, dont l'application est générale et s'étend aux personnes de toute condition.

cette règle inspirée par les besoins de la féodalité militaire, et qui fit écarter les ascendants, comme impropres à assurer le service du fief. En ligne collatérale, elle entraînait l'exclusion des oncles et tantes par les collatéraux de la ligne descendante de quelque degré qu'ils soient. Dans le droit commun du seizième siècle, l'oncle et le neveu sont en pareil degré et succèdent également (Paris, Orléans); la coutume de Nivernais était restée en arrière, nous lisons dans l'art. 8 : « Echoite d'héritage ancien ne monte point en succession collatérale; en manière que les oncles et autres ascendants collatéraux ne succèdent ès dits héritages, tant qu'il y a descendants collatéraux posé qu'ils soient plus lointains en degré. » Elle applique donc la règle ancienne dans toute sa rigueur en ligne collatérale, « tant qu'il y a des descendants collatéraux ». On l'avait étendue aux cousins germains, mais deux arrêts de 1575 et 1577 rejetèrent cette extension, et G. Coquille les approuve, parce que les cousins germains ne rentrent point dans la classe des descendants collatéraux, le texte doit être observé exclusivement entre oncles et neveux ou descendants de neveux (1).

V. — Dans notre ancien droit, l'héritier bénéficiaire était exclu par le lignager, même d'un

_____

(1) *Institution au droit français*, édit. de Bordeaux, p. 320.

degré plus éloigné, qui se portait héritier pur et
simple; la plupart des coutumes admettaient
cette règle en faisant exception pour l'héritier
conventionnel (institué par contrat de mariage),
parce qu'il avait pour lui la volonté du défunt (1).
Notre coutume, dans l'art. 29 de ce chapitre,
soumet l'héritier conventionnel à la règle générale, et déclare que, s'il accepte sous bénéfice
d'inventaire, il sera écarté par le lignager qui se
porte héritier pur et simple.

Nous citerons encore, dans le chapitre des
successions, l'art. 4 qui, contrairement au droit
romain, admet les ascendants à succéder seuls,
sans concourir avec les frères et sœurs, lorsqu'il
n'y a point d'enfants. Le même texte contient des
traces curieuses du principe ancien que les dettes
se paient sur les meubles seulement, « les ascendants succèdent aux meubles et conquêts à charge
de dettes et frais funéraux », et ils échappent aux
dettes en abandonnant les biens qu'ils recueil-
lent.

Enfin, les art. 22 à 24 réglementent les droits
des bâtards; ils ne succèdent qu'à leurs descendants et réciproquement, ils ne peuvent avoir
d'autres héritiers; ils n'ont aucun droit sur la
succession de leur père et mère, et ceux-ci n'en
ont pas davantage sur celle de leurs enfants na-

(1) Note de Davot sur Loysel, *Instit. cout.*, édit. Dupin,
n° 320.

turels. Si les bâtards meurent sans postérité, leurs biens sont acquis au seigneur haut justicier. Aux termes de l'art. 24, ils peuvent posséder toutes espèces de biens féodaux et en disposer entre vifs ou par testament; cependant l'art. 20, ch. IV, leur refuse le droit d'acquérir des fiefs par succession, le fief dévolu à un bâtard faisait retour au seigneur suzerain.

SECTION III

DU RETRAIT LIGNAGER

Nous avons indiqué au début de ce travail une bizarrerie de la coutume de Nivernais; coutume de côté et ligne pour les successions, elle est coutume souchère pour le retrait lignager. Il faut que le retrayant descende de l'acquéreur primitif de l'immeuble, de celui qui a mis le bien dans la famille (art. 13, ch. XXVI). G. Coquille approuve cette décision, et considère comme une mesure excellente de restreindre l'application du retrait lignager, qui est une entrave à la libre circulation des biens. Ce soin de renfermer le droit des lignagers dans des limites étroites est encore une influence romaine. Le retrait, institution purement coutumière, avait été dicté par le désir tout féodal de conserver les biens dans les familles; les pays de droit écrit ne l'avaient pas adopté;

quelques coutumes se bornaient à rendre son
exercice moins fréquent, ce sont les coutumes
souchères; la coutume de Nivernais était du
nombre, et, plus romaine qu'aucune autre, elle
refuse le retrait aux lignagers plus éloignés que
le sixième degré (1). La coutume de Bourbonnais
(art. 434) limitait le retrait au septième degré,
mais elle n'exigeait point que le retrayant des-
cendît du premier acquéreur.

La conservation des biens dans les familles,
que l'on jugeait souverainement importante
pour les nobles, paraissait inutile, sinon dangereuse, pour les serfs; cette considération peut
seule expliquer l'art. 20 : « Entre gens de condition servile retrait n'a point de lieu ne pareille-
ment en bordelage. »

SECTION IV

DU DOUAIRE

La coutume de Nivernais attribue comme gain
de survie à la femme l'usufruit de la moitié des
biens propres de son mari; elle est semblable sur
ce point aux autres coutumes, mais elle s'en
écarte en déclarant que le douaire préfix ou conventionnel ne peut pas être plus grand que le

(1) G. Coquille sur l'art. 1er, *du Retrait*, nous apprend
que l'on applique le mode de computation des degrés du
droit civil, et non pas le procédé de computation canonique.

douaire coutumier, et, s'il l'excède, il y est réduit
de plein droit (art. 2, ch. XXXIV). S'il faut en
croire G. Coquille, cette règle avait pour but
d'écarter autant que possible la prédominance
des considérations pécuniaires dans la conclusion
des mariages ; il attaque vivement à ce propos les
femmes qui demandent des avantages excessifs.
Nous renvoyons à ce curieux morceau plus intéressant au point de vue des mœurs qu'à celui du
droit.

L'art. 8 de ce chapitre reconnaît, comme la coutume de Paris et quelques autres, le douaire des
enfants : « douaire de mère coutumier ou convenu est héritage des descendants dudit mariage ». Les enfants acquièrent la nue propriété
des biens dont leur mère a l'usufruit ; leur droit
est même antérieur au décès du père, le texte le
déclare, « les père et mère ni l'un d'eux ne
« peuvent aliéner le douaire au préjudice et sans
« le consentement desdits descendants ». Le
douaire est donc frappé d'inaliénabilité dès le
commencement du mariage ; les enfants douai-
riers ne seront pas tenus de payer les dettes de
leur père, car ce serait leur faire subir les conséquences d'une aliénation qui ne doit point leur
nuire.

Nous trouvons dans le même article, exprimée
sous une forme différente, la règle de la coutume
de Paris : « le douaire est héritage paternel aux

enfants » ; s'ils viennent à mourir sans postérité, le douaire revient aux héritiers de leur père ; c'est une application du principe qui domine notre ancien droit successoral, les biens propres doivent retourner à la famille de laquelle ils sont sortis.

Les enfants acquièrent le douaire, alors même qu'ils ont renoncé à la succession de leur père, ce sont les termes de l'art. 8 ; il en résulte qu'ils le prennent *à fortiori* lorsqu'ils sont héritiers acceptants. G. Coquille admet, sans hésiter, cette solution qui est contraire à l'art. 251 de la coutume de Paris : « nul ne peut être héritier et douairier ensemble ». Le cumul de ces deux qualités s'explique aisément dans notre coutume, qui permet aux parents d'avantager un ou plusieurs de leurs enfants par des libéralités préciputaires, malgré la règle : nul ne peut être héritier et donataire ou légataire d'une même personne.

SECTION V

DE L'ASSIGNAL DE LA DOT

L'assignal de la dot se rattache à la transmission des biens, comme étant un mode particulier d'aliénation.

L'assignal (1) est l'affectation expresse de tout

(1) Plusieurs coutumes disent : assignat.

ou partie des immeubles du mari au paiement
de la dot apportée par sa femme. L'assignal pouvait d'ailleurs être employé à un autre objet ;
on assignait sur un immeuble, soit une rente,
soit un legs, soit toute autre somme à payer.
Nous avons seulement à l'étudier ici en tant qu'il
est stipulé comme garantie de la restitution des
deniers dotaux.

Il est général ou particulier, affecte l'ensemble
des biens propres du mari ou quelques-uns
d'entre eux seulement. La plupart des coutumes,
notamment celle de Bourgogne, le considèrent
comme un engagement des immeubles dont l'effet
est exposé dans ces termes par l'art. 17, ch. IV,
cout. de Bourgogne : « La femme, après le décès
de son mari, est saisie des assignaux à elle faits
en particulier, et fait les fruits desdits assignaux
siens sans les compter au sort ». Cette convention présente la plus grande analogie avec l'antichrèse ; c'est un véritable mort-gage (1). Les immeubles assignés sont le gage de la femme ; s'ils
viennent à périr, sa créance subsiste et elle peut
en réclamer le paiement aux héritiers de son
mari.

(1) « Vif-gage est qui s'acquitte de ses issues (de ses
fruits), mort-gage qui de rien ne s'acquitte » (Loysel, n° 484).
Il ne faudrait pas le confondre avec le mariage à mort-
gage, dans lequel le père donnait en dot à sa fille une terre
pour en percevoir les fruits, mais conservait le droit de la
reprendre en payant le prix fixé, c'est-à-dire, le capital de
la dot.

Quant à l'assignal général, il n'a d'autre valeur qu'une hypothèque conventionnelle sur tous les biens propres du mari, et il conserve ce caractère même dans notre coutume, qui admet au contraire un système exceptionnel pour l'assignal particulier.

Nous lisons dans l'art. 13, ch. XXIII : « La « femme, après le trépas de son mari, est saisie « des assignaux à elle faits en particulier pour « les deniers de son mariage ; et après elle sont « saisis ses héritiers. Et font lesdits femme et « héritiers les fruits des assignaux leurs, sans « être tenus de les compter au sort principal. » Jusque-là nous retrouvons le système de la coutume de Bourgogne, l'assignal nous apparaît comme une antichrèse ; l'art. 12 lui imprime un tout autre caractère, au lieu d'une simple garantie de paiement, il en fait une vente conditionnelle ; cet article est ainsi conçu : « Le mari, « ses héritiers ou ayants cause peuvent recouvrer « quand bon leur semble, dedans trente ans, les « héritages sur lesquels ont été assignés les de- « niers du mariage de la femme sortissants na- « ture d'héritage, en payant le prix pour lequel « ils ont été assignés et les loyaux frais. » L'assignal particulier a donc un effet translatif, cela résulte, implicitement mais clairement, de la limitation à un délai de trente ans du droit de recouvrer l'héritage ; s'il était une simple hypothèque ou une antichrèse, aucun laps de temps ne pourrait éteindre le droit des héritiers du mari. Bien plus, la coutume les autorise à réclamer l'immeuble en payant le prix. Ce mot éveille l'idée d'une aliénation proprement dite. G. Coquille voit, dans cette vente spéciale des immeubles du mari, l'origine de l'ancien proverbe : « On ne peut plus honnestement vendre son héritage qu'en épousant une femme riche avec grosse dot (1). » Il tire même de ce caractère translatif une conséquence plus importante et beaucoup plus pratique, c'est que pour l'assignal particulier il est dû quint denier ou lods et ventes au seigneur direct de l'immeuble engagé. Les art. 25 des fiefs et 7 des cens autorisent cette opinion; ils reconnaissent au seigneur les droits de retenue de quint et de lods et ventes, lorsque le vassal ou le censitaire assignait spécialement une rente sur son fief ou sa censive; l'assimilation des deux hypothèses était donc toute naturelle.

Les profits ne seront point immédiatement exigibles, mais conditionnellement. Nous devons préciser la nature de cette condition, elle n'apparaît pas à la lecture des textes précités. Elle est cependant contenue dans l'expression « sortissants nature d'héritage », mais ces mots sont assez barbares pour rester

(1) V. *Instit. coutumières*, Loysel, nº 117, édition Dupin.

inintelligibles. En voici l'explication (1) : « Ordi-
« nairement les femmes apportent leur dot en de-
« niers, et il est d'usage de convenir que partie de
« ces deniers dotaux sera employée en achat
« d'héritages propres pour elle, ou bien il est dit
« qu'ils sortiront nature d'héritage propre. De-
« puis très longtemps il a été usité en Nivernais
« de faire par le même contrat assignal particu-
« lier à la femme sur les biens du mari à défaut
« d'emploi des deniers. » En définitive, le mari
affecte spécialement un ou plusieurs de ses immeubles, pour garantir l'obligation, qu'il contracte, d'employer les sommes dotales à l'achat
d'immeubles qui seront propres à sa femme.
Nous avons vu que cette affectation spéciale équi-
vaut à une vente conditionnelle ; le mari vend ses
immeubles sous la condition que la vente restera
sans effet, si les deniers dotaux ont été employés
au cours du mariage. On peut donc, sans s'éloi-
gner beaucoup de la vérité, considérer l'assignal
nivernais comme un emploi subsidiaire et conditionnel de la dot en argent, fait en immeubles
propres du mari.

Cette garantie de restitution de la dot semble
à première vue exagérée ; une hypothèque, et
même une simple antichrèse aurait suffi. La
femme, aussitôt après le décès de son mari, est

(1) G. Coquille, *Questions et réponses sur les coutumes*,
question 62.

saisie de l'immeuble assigné, elle en perçoit les fruits comme équivalent des intérêts de sa dot, et la détention lui assure le remboursement du capital. Combiné avec le régime de communauté, l'assignal nivernais conduit à un résultat bizarre et injuste. Si le mari n'a pas fait emploi pendant le mariage, les deniers dotaux ou des objets qu'ils ont servi à acquérir (sans qu'il y ait eu emploi) se trouvent encore dans la communauté. La femme recevra la moitié de la masse commune et, par conséquent, la moitié des valeurs dotales; en outre, elle aura sur les biens propres du mari son assignal, c'est-à-dire l'équivalent de la totalité de sa dot; bref, au lieu de reprendre ce qu'elle avait apporté, elle reçoit une moitié en plus, elle réalise un bénéfice, le mari (ou son héritier) fait une perte sèche. Vendeur des héritages affectés à l'emploi de la dot, moyennant la dot comme prix, il serait équitable qu'il reçût l'intégralité de ce prix : nous venons de constater qu'il en touchera seulement la moitié. Cet exposé justifie pleinement l'épithète de « très déraisonnable » que G. Coquille applique à la sûreté particulière de la dot établie par la coutume de Nivernais; elle est si peu raisonnable que la coutume de Bourbonnais, si souvent conforme à la nôtre, ne l'a point suivie dans cette voie.

Nous avons dit que l'acquisition de la propriété de l'assignal par la femme est soumise à la con-

dition : si le mari n'a pas fait emploi des deniers
dotaux avant la dissolution du mariage ; l'art. 32,
ch. XXIII, soumet cet emploi à des règles qui
rappellent l'art. 1434 du Code civil, « l'héritage
acquis par le mari pour l'assignal des deniers
sortissants nature d'héritage de sa femme appartiendra à cette dernière, en affirmant par le
mari lors de l'acquisition et par le contrat d'acquisition qu'elle est faite pour ledit assignal. »
Seulement, le Code civil exige en outre l'accepta-
tion de l'emploi par la femme.

———

APPENDICE

I. — QUELQUES DISPOSITIONS ORIGINALES SUR
LA PREUVE PAR SERMENT

L'art. 2 du ch. XV est ainsi conçu : « Le pre-
« neur des bêtes en faisant dommage ou celui qui
« les poursuit promptement et rencontre après
« ledit dommage, est cru par serment de la prise
« et suite en montrant de sa diligence. » Guy
Coquille commente cette disposition en la signalant comme « un droit singulier de ce pays »
(question 299) ; il explique cet usage par la rareté
des habitants des campagnes, qui avait pour
conséquence immédiate la difficulté de se pro-

curer des témoins. Mais il veut que celui qui prétend invoquer ce privilège le fasse promptement,
et qu'il montre les animaux qu'il a pris, ou des
diligences faites pour s'en emparer, s'il n'a pu
les saisir : « car, dit-il, ces exploits faits soudai-
« nement et comme en sang bouillant sont plus
« crédibles qu'ils ne seraient si, le lendemain ou
« autre temps après, il venait rapporter le dom-
« mage qui lui est fait. » Cet avantage reconnu
au « preneur en dommage » d'être cru sur serment de la prise, est compensé par une prérogative analogue accordée au propriétaire des animaux, qui est cru sur serment du montant du
dommage ; mais le preneur peut établir la quotité
du préjudice, en faisant cette preuve avant la
prestation du serment par son adversaire (1).

Le serment est encore admis comme preuve
au profit des marchands, qui sont crus de leurs
fournitures jusqu'à cinq sols (ch. XXIX). Nous
en trouvons encore une application dans le
ch. XXVIII, entièrement consacré aux hôteliers
et taverniers et dont voici l'art. 1er : « Un hôte-
lier ou tavernier public bien renommé est cru
par son serment de la dépense faite en son hôtel

---

(1) Dans la coutume d'Orléans (art. 158), le preneur en
dommage est cru par serment, jusqu'à cinq sols du dommage et du lieu de la prise, mais il faut qu'il ait pris la
bête ou un gage comme preuve. La coutume de Bourbonnais (art. 522) contient une règle semblable à celle de
notre coutume.

jusque à cinq sols tournois. » G. Coquille fait à
ce sujet un éloge des aubergistes français ; il y
avait sans doute des exceptions à l'honnêteté des
membres de la corporation, puisque le texte exige,
comme condition nécessaire de l'effet du serment,
que celui qui le prête ait une bonne renommée.
Ce chapitre contient des dispositions assez curieuses, surtout lorsqu'on les met en regard des
usages journaliers de la pratique moderne ; ils
témoignent que l'habitude de travailler les vins
n'est pas une nouveauté. Nous lisons dans l'article 3 : « Le tavernier hotellier ou autre qui
« aura mis et exposé en vente un vaisseau de vin,
« ne pourra le surcharger d'autre vin (ce que
« nous appelons faire un coupage), ni faire aucune
« brasserie, sur peine de perdition et confiscation
« desdits vins et vaisseau et amende arbitaire en-
« vers justice. »

II. — Nous ne pouvons passer entièrement
sous silence le chapitre intitulé : D'assiette de
terre : il contient les renseignements les plus curieux au point de vue économique, et permet de se
faire une idée de la valeur comparative des biens,
depuis la haute justice jusqu'au plus mauvais
arpent de terre.

Faire assiette, c'est affecter un immeuble au
paiement d'une rente, le créancier ayant le droit
de percevoir les revenus du fonds comme arrérages, c'est une sorte d'antichrèse ; on fixe la

valeur du fonds d'après l'estimation des fruits, et ce chapitre a précisément pour objet l'évaluation *à priori* des revenus des différentes classes de biens.

———————

POSITIONS

Positions prises dans la thèse

DROIT ROMAIN

I. La bonne foi exigée du possesseur pour l'acquisition des fruits doit exister à l'époque de chaque perception.

II. Après la *litis contestatio* le possesseur de bonne foi est assimilé au possesseur de mauvaise foi, sauf en ce qui concerne les cas fortuits.

III. Le possesseur de bonne foi acquiert les fruits d'une chose qu'il ne peut pas usucaper.

IV. Le possesseur qui n'a plus la chose et a fait des impenses qu'il a le droit de réclamer, pourra les obtenir par l'application des interdits et de l'action Publicienne.

V. Les fruits négligés doivent être estimés en considérant la possibilité de leur perception par le demandeur.

VI. Dans la revendication, le possesseur de mauvaise foi ne peut pas réclamer les impenses utiles.

VII. Dans la pétition d'hérédité, le juge doit apprécier l'enrichissement du possesseur en se plaçant à l'époque de la *litis contestatio*.

Positions prises hors de la thèse

DROIT ROMAIN

I. Le divorce peut être indépendant de la volonté des époux.

II. Le partage par souche n'est pas admis en ligne collatérale dans le système ancien des successions.

III. Le mari peut restituer la dot pendant le mariage, pour payer les dettes de sa femme, pour lui procurer le moyen d'acheter un fonds productif, pourvoir à son entretien et celui de sa famille, la racheter de captivité.

IV. L'antichrèse est un contrat aléatoire.

CODE CIVIL

I. L'art. 2208 ne prouve pas que le mari majeur soit curateur de sa femme mineure émancipée par le mariage.

II. L'action en indemnité pour droit de passage au cas d'enclave se prescrit par trente ans à compter du jour où le passage a commencé.

III. Un testateur ne peut pas obliger ceux auxquels il transmet ses biens à demeurer dans l'indivision, même pour une durée inférieure à cinq ans.

IV. Le sous-locataire ou le cessionnaire d'un bail n'est pas tenu d'une obligation personnelle envers le bailleur, et ce dernier n'a pas d'action directe contre lui.

PROCÉDURE CIVILE

On ne peut pas dans une nouvelle instance se prévaloir du serment ou de l'aveu constatés par le greffier dans le cours de l'instance périmée.

DROIT CRIMINEL

Le condamné amnistié doit être réintégré dans les cadres de la Légion d'honneur, si sa radiation a été motivée exclusivement par la condamnation, mais le conseil de l'ordre peut la maintenir en raison du caractère déshonorant du fait commis.

DROIT ADMINISTRATIF

Le propriétaire a le droit de toucher les loyers de l'immeuble dont il a été exproprié pour cause d'utilité publique jusqu'au paiement de l'indemnité.

DROIT COMMERCIAL

La caution peut se prévaloir de la remise faite par les créanciers à leur débiteur avant la déclaration de sa faillite, l'art. 545 du Code de commerce n'est pas applicable à cette hypothèse.

Vu : le *Président de la thèse,*
P. CAUWÈS.

Vu par le Doyen,
Ch. BEUDANT.

Vu et permis d'imprimer,
le *vice-recteur de l'Académie de Paris,*
GRÉARD.

TABLE DES MATIÈRES

DROIT ROMAIN

DE L'ACQUISITION DES FRUITS PAR LE POSSESSEUR

DROIT FRANÇAIS

LA COUTUME DE NIVERNAIS

www.ingramcontent.com/pod-product-compliance
Lightning Source LLC
Chambersburg PA
CBHW070254200326
41518CB00010B/1781